تقديم

ـ لماذا يهيمن الخطاب التنموي اليوم على الأصعدة الدولية والقطرية والمحلية؟

ـ تعود هذه الهيمنة في تقديرنا إلى قابلية مفهوم التنمية لاستيعاب التعبيرات المتعارضة عن المصالح والخيارات الأولى للقوى والجماعات والأفراد. وإلى قابلية هذا المفهوم لإدخال المهتمين بشؤون التنمية في سياقين من التفكير يتعارضان بالتلازم مع تعارض تلك التعبيرات:

1. سياق أول يذهب في اتجاه ايديولوجي ليبرالي محافظ يُرسخ التكيف النفسي الاجتماعي للفئات المتضررة بفعل ثقافة وقيم مهيمنة يغلب عليها طابع المثالية البروتستانتية. ثقافة تُركز على آليات تكيف هذه الفئات مدعومة بإعلام متعولم يغرقها إلى درجة العجز عن تجاوز الإنفعال وعن بلوغ الوعي الموضوعي لأسباب إقصائها الاقتصادي والاجتماعي. كما وتركز الثقافة المهيمنة في هذا السياق على أن خلاص الأفراد في تلك الفئات المهمشة يرتبط بمسؤولية كل منهم بمفرده كفاعل أساسي وبكفاءته الذاتية في الوصول إلى الفرص الزبائنية المتاحة للجماعة أو للمجتمع المحلي (خدمات توظيف، قروض صغيرة، تدريب مهني ... إلخ) . إنها فرص الحراك الاجتماعي للفرد المحكومة بمراوحة وعيه بين الحقل الاجتماعي الثقافي الذي يلوح له بإمكانية ممارسة فعله الشخصي لتحقيق طموحه في الحراك من جهة وبين حقل التحديد الموضوعي البنيوي الذي يحكم فرص تحقق طموحات الأفراد من جهة ثانية. وهذا حقل تحكمه آليات السوق والسلطة على صعيد الماكروسياسي ـ اقتصادي وهي الآليات التي تحكم تفاوت الرساميل الاجتماعية والثقافية للجماعات وللأفراد في عائلاتهم

2. سياق ثانٍ للتفكير يذهب باتجاه ايديولوجيا ثورية مبسّطة تربط خلاص الجماعات المتضررة بحتمية التأزم المتراكم للنظام الرأسمالي التابع. وُتوهم بأن تراكم الإقصاء والتهميش الاجتماعيين يقود لا محالة إلى نضوج فرص التغيير السياسي وإلى تغليب ثقافة العدالة والخلاص القائمة على فكر ثوري ديني كان أو يساري.

وإذا كان منطق الموضوعانية المبتذلة (Objectivisme) في سياق التفكير الأول هو السائد لدى أوساط الخبراء التكنوقراط في تشخيصهم لمعوقات التنمية ولتجاوزها. وكان منطق الذاتانية المبتذلة (Subjectivisme) في سياق التفكيرالثاني هو السائد لدى القيادات الثورية إلّا أن ما يحكم منطق الباحث في علم اجتماع التنمية هو الإقرار بفضل المثالية الذاتية في تنشيط وإسناد الجهد الفكري لبناء التصور الموضوعي عن خصائص تشكل المجتمع المستهدف كأساس لتصور موضوعي لحدود التدخل والتأثير في تنمية موارده.

إن ما يميز مقاربة الباحث في علم اجتماع التنمية هو طابعها المتمثل دائماً في عزم نضالي على ممارسة تصوراته ميدانياً وتجاوزها للوصول إلى أكثرها فعالية وجدوى في خرق المعوقات الموضوعية الرئيسية للتنمية و في توفير شروط تمكين الجماعات المتضررة من المشاركة في هذا الخرق.

لذلك كانت فئات العاملين والجامعيين المهتمين بمنهجيات التشخيص والتدخل التنموي وتقييمه هي الفئات الأولى التي تتوجه إليها فصول الكتاب الأول وقد اتسمت بطابع البحث النظري أحياناً وبطابع البحث التطبيقي في نطاق المجتمعات العربية . وكانت فصول هذا الكتاب ممهدة نظرياً لفصولٍ تتضمن أبحاثاً تدور حول تجارب وطروحات معروفة في نطاق المجتمع اللبناني في الكتاب الثاني.

وفي هذا الإستهداف الأول لفئات بعينها من القرّاء.

اشتمل الكتاب الأول وعنوانه « موضوعات وقضايا خلافية في تنمية الموارد

* **الباب الأول**: وقد عالجت فصوله الخمسة موضوعات أساسية صيغت في عروض جامعية لتساعد في إعداد الكوادر العاملة في مجالات التشخيص والتدخل التنموي.

* واشتمل **الباب الثاني**:

أولاً: على مقدمتين في منهجية المقاربات النظرية والحقلية للأبحاث التنموية

ـ مقدمة أولى: في المقاربة النظرية للأبحاث التنموية.

ـ مقدمة ثانية: في المقاربات الحقلية للأبحاث التنموية.

ثانياً: ـ قضايا في مقاربات التنمية العربية

ـ قضايا في تجارب التنمية العربية

ـ وعلى سبعة فصول تعرضت لقضايا ساخنة ولتأويلاتها الإيديولوجية وهي:

ـ التحولات العالمية وحدود التكيُّف والمغالبة في التركيبات الاجتماعية لبلدان الجنوب.

ـ الإفقار والفقر والبطالة.

ـ النزوح والهجرة وتوتر الضواحي.

ـ التطرّف ومعضلات الاحتواء والإقصاء في المجتمع.

ـ حدود عمل المنظمات غير الحكومية في التنمية الاجتماعية.

ـ تطور نهج المنظمات الدولية والاسكوا (ESCWA) في مجال التنمية المحلية

ـ في التقييم الدولي للأوضاع والتجارب التنموية العربية.

* واشتمل **الكتاب الثاني** وعنوانه «حول معوقات التنمية في لبنان» على خمسة فصول تعرضت:

ـ صعوبات التنمية في الكيان والدولة.

ـ التنمية بين الفعل في تكامل المناطق والانفعال في توازنها.

ـ معوقات في تنمية الموارد البشرية.

ـ المعوقات الخارجية والداخلية في تنمية الزراعة والأرياف.

ـ مشكلات مناطقية في التنمية.

موضوعات وقضايا خلافية في تنمية الموارد العربية

الباب الأول

موضوعات أساسية في التنمية(*)

ـــــــــــــــــــ

(*) تجدر الإشارة إلى أن فصول هذا الباب كانت قد أُجزت بطلب من إدارة جامعية راقية في

موضوعات وقضايا خلافية في تنمية الموارد العربية

الفصل الأول

مفاهيم ونظريات معاصرة في النمو والتنمية

المقدمة

الكلام عن النمو الاقتصادي والتنمية يتزايد في البلدان الغنية كما في البلدان
الفقيرة، في المفاوضات وفي العلاقات والمعاهدات بين الدول، في خطابات
السياسيين والمرشحين للإنتخابات البرلمانية أو البلدية، في الجامعات والإعلام.
ولكن تكاثر الكلام عن النمو والتنمية لا يعني تزايد التوافق على مضامين كل
من هذين المفهومين. وذلك لأن مضامين كل منهما ترتبط بالإختلاف والتنازع
بين الأطراف والطبقات التي تسيطر بوعي أو بدون وعي على الموارد والثروة
وسلطة القرار وبين الفئات والطبقات التي تُحرم منها بوعي أو بدون وعي. وهذا
ما يؤدي إلى اختلاف لا ينتهي بين النظرات والأبحاث والنظريات يعود إلى
اختلاف دائم بين أنواع المصالح وخلفيات الوعي.

1. مفهوم النمو في الاقتصاد الحديث

مع التحول من الطاقة العضلية إلى الطاقة البخارية، ومع التحول من
المحترف اليدوي إلى المصنع الآلي، ومن الإنتاج العائلي الاكتفائي إلى الإنتاج
الموجه إلى السوق، انطلقت الثورة الصناعية منذ أواخر القرن الثامن عشر

الشمالية أمراً ممكناً. فتوسعت أسواقها وتجاراتها إلى بلدان استعمرتها في القارات الأخرى. وتضاعفت فرص تراكم الأرباح والثروات بنسب مدهشة لا مثيل لها من قبل. وحلّ النمو (Growth) كمفهوم اقتصادي معاصر محل التطور كمفهوم تقليدي للاقتصاد ما قبل الصناعي. واقترن هذا التحول في الإنتاج والاستهلاك والتسويق بظهور النظريات الاقتصادية حول «طبيعة وأسباب ثروات الأمم» (آدم سميث 1723 ـ 1790) وحول «مبادىء الاقتصاد السياسي والضريبة» والعمل والقيمة(ديڤيد ريكاردو 1772ـ1823). واقترن ذلك أيضاً بتطور استعمال الرياضيات في الحساب الاقتصادي، وذلك للتمكن من تقدير حجم وقيمة الإنتاج الإجمالي في مجتمع ما. والمقصود بالإنتاج الإجمالي هنا هو الإنتاج السلعي والخدماتي الصافي، مضافاً إليه إجمالي الضرائب غير المباشرة والرسوم. كما ساعد استخدام الرياضيات على قياس معدل نمو هذا الإنتاج بين فترة وأخرى، وقياس حصة الفرد منه في المجتمع. وتحتسب هذه الحصة بقسمة إجمالي الإنتاج الصافي على عدد السكان المقيمين. وان تغير هذه الحصة بين سنة وأخرى يؤشر على تحسن أو تراجع في مستوى معيشة السكان.

جدول رقم 1. مستويات النمو في البلدان العربية لعام 2004

المعطيات / الدولة	مجموع السكان بالآلاف (2004)	الناتج المحلي الاجمالي Gross domestic product (G.D.P.) للعام 2002		نصيب الفرد من الناتج المحلي الإجمالي بالدولار بحسب القدرة الشرائية المحلية للدولار	ترتيب مستوى تنمية الدولة ضمن دول العالم (173 دولة)
		بليون دولار	بحسب القدرة الشرائية المحلية للدولار (بليون دولار)		
الأردن	5 . 613	9 . 3	21 . 8	4220	90
الإمارات	3 . 051	71 . 00	–	2240	49
البحرين	739	7 . 7	0،12	17170	40
الجزائر	32 . 399	55 . 9	180 . 4	5760	108
السعودية	24 . 919	188 . 5	276 . 9	12650	77
السودان	34 . 333	13 . 5	59 . 5	1820	139
الصومال	10 . 312	–	–	–	–
العراق	25 . 856	–	–	–	–

موضوعات وقضايا خلافية في تنمية الموارد العربية

. الكويت	2 . 595	35 . 4	37 . 8	16240	44
. المغرب	31 . 064	36 . 1	112	3810	125
. اليمن	20 . 732	10 . 0	16 . 2	870	149
. تونس	9 . 937	21 . 0	66 . 2	6760	92
. جزر القمر	790	0 . 3	1 . 0	1690	136
. جيبوتي	712	0 . 6	1 . 4	1990	154
. سوريا	18 . 223	20 . 8	61 . 5	3620	106
. عُمان	2 . 935	20 . 3	33 . 8	13340	74
17ـ الأراضي الفلسطينية المحتلة	3 . 685	3 . 4	–	–	102
. قطر	619	17 . 5	–	19844	47
. لبنان	3 . 708	17 . 3	19 . 4	4360	80
. ليبيا	5 . 659	19 . 1	–	7570	58
. مصر	73 . 389	89 . 9	252 . 6	3810	120
. موريتانيا	2 . 980	1 . 0	6 . 2	2220	152

در: تقرير التنمية الإنسانية العربية للعام 2004 صفحة: 229 و232.

والنمو الاقتصادي هو عبارة عن زيادة في الناتج المحلي الإجمالي بالأسعار الثابتة. كما أن هذا الناتج هو مجموع القيم المضافة التي تنتجها المنشآت الاقتصادية، بما فيها الحيازات الزراعية، في بلد ما. والقيمة المضافة هي الفارق بين قيمة ما تنتجه المنشأة الاقتصادية بسعر السوق، وقيمة المواد الوسيطة (مواد أولية، محروقات، مواد تغليف. .. إلخ) التي تشتريها المنشأة من منشآت اقتصادية أخرى لاستعمالها في الإنتاج. وهكذا تتكون القيمة المضافة من مجموع مدفوعات المنشأة الاقتصادية على شكل أجور العاملين، وأرباح أصحاب المنشأة، وضرائب للدولة، وفوائد للمقرضين، واشتراكات في الضمان الاجتماعي أو المؤسسات الأخرى الضامنة، وإيجارات. .. إلخ).

مؤطر

هل هناك ترابط بين النمو الاقتصادي والتزايد السكاني؟

برز مثل هذا الترابط في نظرية ريكاردو (1772-1823) التي يتعارض فيها مع نظرية مالتوس (1766-1834). فنظرية هذا الأخير تقول أن الموارد الغذائية تتقدم وفق متوالية حسابية (Progression arithmétique) (أي بتطور 1 - 2 -3 - 4 - 5. ..الخ) وأن السكان يتزايدون وفق متوالية هندسية (Progression géometrique) (أي بتضاعف 1 - 2 - 4 - 8 -16 - 32. . . الخ). «فالسكان، في رأي ريكاردو، يتوقفون عن التزايد عندما يكف رأس المال عن التزايد في الإستثمار ولا يعود في الإمكان طلب أي عمل إضافي. وبالتالي يكون عدد السكان قد بلغ أعلى مستوياته المطلوبة». على حد قول ريكاردو في كتاب «مبادئ الاقتصاد السياسي والضريبة». وهكذا فإن نظام تراكم رأس المال هو الذي يضبط في رأيه تزايد السكان في البلدان المتطورة على الأقل. وفي هذه النظرية يتوافق ريكاردو مع كارل ماركس الذي يرى في التزايد السكاني ليس إلّا «فائضاً سكانياً نسبياً» (Surpopulation relative) أي فائضاً بالنسبة إلى الحجم المطلوب من اليد العاملة التي من مصلحة أصحاب رأس المال أن يتنافسوا لتلبية الطلب على جزء منها. ولا يرى ريكاردو أن التناسب الطردي أي التزايد المتوازي قائم دائماً بين نمو رأس المال ونمو السكان. فالتناسب بين النوعين من النمو يستمر إلى الوقت الذي يرى فيه العامل والعاملة الأكثر دخلاً أنهما مشدودان إلى تحسين مستوى معيشتهما واستهلاكهما ورفاهيتهما وليس إلى انجاب المزيد من الأولاد وتحمل أعبائهم المتزايدة.

2. التفاوت في نمو الناتج المحلي بين البلدان وفي حصص الفئات منه داخل البلد الواحد

في الوقت الذي يشهد فيه قسم من بلدان العالم نمواً اقتصادياً متواصلاً يشهد قسم آخر من البلدان، ومنها بلادنا العربية، تعوقا متزايداً في نموها الاقتصادي. وكانت قد برزت نظريات منذ نصف قرن تفسّر هذا التعوّق بأنه مجرد تأخّر زمني في النمو يمكن تعويضه من خلال جهود استثنائية في البلد المتخلف في مجالات تراكم الإدخارات واستثمارها واستيراد التكنولوجيا المتطورة والإنفتاح على الأسواق العالمية كما يرى الاقتصادي الأمريكي Walt Rostow Whigman في كتابه مراحل النمو الاقتصادي.

غير أن نظريات أخرى ظهرت لتعارض النظرية السابقة في تفسير التخلف (Under developement) وتجاوزه. فاعتبرت أن تخلف ما يسمى اليوم بالبلدان الفقيرة هو ليس مجرد تأخر في الزمن يمكن تعويضه بجهود الحكومات المحلية، بل إنه ناتج عن استعمارها بعد الثورة الصناعية الأوروبية. هذا الإستعمار الذي نهب ثرواتها وسيطر على أسواقها ليحقق النمو الاقتصادي والصناعي في الدول الأوروبية خلال أكثر من قرن ونصف.

كما أن بعض النظريات نسبت هذا التعوّق إلى التقسيم الدولي للعمل، أي إلى تخصص دول في الصناعة، وأخرى في الزراعة والمواد الأولية. فينتج عن التبادل التجاري غير المتكافىء بين هذه الدول، إفقار وتخلف في البلدان المنتجة للمواد الأولية والزراعية. في حين أن نظريات أخرى ترد هذا التخلف إلى عوامل داخلية اقتصادية واجتماعية وثقافية وسياسية وديموغرافية. .. تشكل عائقاً أمام تطور هذه البلدان.

وفي هذا السياق يشير تقرير التنمية البشرية (HDR-Human Development Report) الصادر عام 1996 عن «برنامج الأمم المتحدة الإنمائي ـ UNDP» أن سكان البلدان الصناعية الغنية الذين يشكلون 20% من سكان العالم يحصلون

على حوالى 78% من قيمة إجمالي الناتج العالمي. ويحصل سكان البلدان غير الصناعية الفقيرة على 22% من هذا الناتج. وأن العشرين بالمائة الأفقر من سكان هذه البلدان لم يحصلوا على أكثر من 4,1% .

واقترن هذا التفاوت في توزيع الناتج العالمي بين البلدان الغنية والفقيرة، بتفاوت يتفاقم بين المناطق والفئات داخل البلد الواحد، حيث يلاحظ أن أغنى 20% من السكان في البرازيل يحصلون على دخل يعادل 26 ضعف ما يحصل عليه الـ 20% الأفقر من السكان في هذا البلد (HDR 1996, page 17) .

وينعكس التفاوت في توزيع الناتج المحلي داخل البلدان الفقيرة حيث يُلاحظ تهميش (Marginalization) متزايد للفئات الريفية والضعيفة منها كالأطفال والمسنين والنساء والمعوقين في الأوساط المتواضعة الدخل، حيث يقل دخل المرأة العاملة عن نصف دخل الرجل: ففي البلدان العربية مثلاً لا تزيد نسبة الإناث اللواتي يحظين بفرص عمل عن 16% من مجموع النساء بعمر العمل (15 ـ 65 سنة) مقابل 40% من الرجال من ذات الفئة العمرية. كما وأن متوسط حصة الفرد المصري من إجمالي الناتج المحلي في مصر تصل في بعض المحافظات (أسيوط مثلاً) إلى نصف ما هي عليه في بعضها الآخر (القاهرة مثلاً، وفقاً لمعطيات تقرير التنمية البشرية ـ مصر 1995). ولا تقتصر فجوة التفاوت في توزيع الناتج المحلي على البلدان الفقيرة. ففي الولايات المتحدة مثلاً لا يزيد متوسط حصة السود عن 75% من متوسط حصة البيض. وأن معدل وفيات الأطفال الرضع السود يقدر بـ 18 طفلاً من كل ألف، مقابل 8 أطفال بيض.

جدول رقم 2 ـ توزيع الأسر وفقاً للدخل الشهري
وبحسب قطاع عمل رب الأسرة في لبنان
(بالنسب المئوية)

الخدمات الأخرى	الإدارة العامة	التجارة	الصناعة	الزراعة	قطاعات العمل فئات الدخل الشهري للأسرة (بالدولار الأمريكي)
1%	5%	1%	3%	40%	دخل منخفض: أقل من 200
15	26	12	23	35	200 ـ 500
30	48	33	32	11	500 ـ 1000
18	16	19	15	4	دخل متوسط: 1000 ـ 1500
10	1	16	14	2	1500 ـ 2000
11	1	12	4	2	2000 ـ 3000
8	2	4	4	4	3000 ـ 5000
7	1	3	5	2	دخل مرتفع
100%	100%	100%	100%	100%	المجموع

المـــصــدر: Centre d'informations Stratégiques et Economiques «Enquête exclusive sur les revenus des libanais» Août 1994.

3. شروط النمو الاقتصادي

يتحقق النمو الاقتصادي في بلد ما عندما تتوفر فيه أنواع الرساميل التالية:

1. **الرأسمال المادي** ويتمثل بتوفر شبكات البنى التحتية (اتصالات ـ مواصلات...) والموارد الطبيعية، والتجهيزات الضرورية لاستثمارها في مختلف القطاعات الإنتاجية أو ما يسمى بالرأسمال الثابت (معدات، مبان، أرض...).

2. **الرأسمال البشري** ويتمثل بالقوى العاملة ولا سيما تلك المؤهلة علمياً وتكنولوجياً بفضل السياسات التربوية والإعداد التقني المتواصل في مجالات الإنتاج والتسويق والإدارة.

3. **الرأسمال النقدي**، الذي يوفره أصحاب المشاريع الاستثمارية أو البنوك

بفضل السياسات المالية التشجيعية على مستوى الضرائب ومعدلات الفائدة وضمانات الاستثمار. ويوفره أيضاً تدفق الاستثمارات الأجنبية المباشرة، هذه الاستثمارات التي بلغت 870 مليار دولار في العام 2000 على بلدان العالم ولم تحصل البلدان العربية على 1% منها، استفادت السعودية وحدها من أكثر من نصفها (55,0%).

4. **الرأسمال الاجتماعي** ويتمثل بالضمانات التي توفرها القيم الأخلاقية وأشكال التنظيم الطوعي والتشريعات والإدارة والمحاكم والاستقرار السياسي بفعل الممارسة الديموقراطية، وهذا ما يشكل المناخ الاستثماري المطمئن للرساميل الوطنية والأجنبية.

5. **السياسات التأشيرية** (Indicative) التحفيزية (Incitement) التي تعتمدها الحكومات لتشجيع المتمولين على الإستثمار والتحديث التكنولوجي وتعزيز القدرة التنافسية للإنتاج المحلي في الأسواق الداخلية والخارجية.

مؤطر

الرأسمال الاجتماعي

على عكس رأس المال المادي الملموس ورأس المال البشري الذي يتجسد في معرفة الفرد ومهاراته فإن رأس المال الاجتماعي يوجد في العلاقات بين الأشخاص، ويمكن تعريفه بكل بساطة على أنه مجموع القيم والأشكال الطوعية من التنظيم الاجتماعي. ولإعطاء مثل توضيحي لدور رأس المال الاجتماعي في تمكين الناس من الاستفادة من وسائل النقل السريع على سبيل المثال فإن هذه الاستفادة تفترض الاستثمار في رأس المال المادي (كالطرق والجسور وأكشاك قطع التذاكر والسيارات...) وتفترض الاستثمار في رأس المال البشري (كمهارات القيادة لوسائل النقل ومهارات الصيانة) وعندئذٍ يمكن تثمير رأس المال الاجتماعي المتمثل بقوانين وتعليمات السير وآداب احترامها واطاعتها وبمؤسسات الرقابة على حسن تنفيذها.

إن التوسع في الاستثمار في الرأسمال المادي والرأسمال البشري يُنتج تحسناً في

تحرك وانتقال الناس بلا ريب، ولكنه يؤدي إلى زيادة الحوادث والتلوث والتدمير للمناطق الخضراء والتسبب باختناقات السير والعنف المتصل بالحوادث على الطرقات. وأن العواقب الضارة ترجح على كفة الفوائد المباشرة. وهكذا فبدون رأس المال الاجتماعي تفقد الأشغال الأخرى من الرأسمال قيمتها.

المصدر: نبيلة حمزة وعدنان الشعبوني « التنمية البشرية المستدامة ودور المنظمات غير الحكومية ـ حالة البلدان العربية ».دراسة صادرة عن « اللجنة الاقتصادية والاجتماعية لغربي آسيا (الإسكوا) » تشرين أول 1999. صفحة 10.

4. معوقات النمو

إن التفاوت في توزيع الناتج المحلي أو الدخل الوطني في بلد ما بين الناس، الناجم عن الأنظمة والسياسات الحكومية في إدارة الاقتصاد، أدى في غالبية بلدان الجنوب الفقيرة إلى ترسيخ الرأسمال الاجتماعي التقليدي أي منظومة القيم وأشكال التنظيم الاجتماعي الطوعي والإدارة والتشريعات والقضاء والممارسة السياسية المعوقة، لنمو استثمار كل من الرأسمال المادي والبشري.

فكثيراً ما كانت التشريعات متحيزة لأصحاب النفوذ السياسي أو الاقتصادي، وكثيراً ما حالت دون الشفافية ووعي الناس المدني والعقلاني لمحاسبتهم. وكثيراً ما أدت إلى إحباط الغالبية الساحقة من الشعب بنسائه وفقرائه وأقلياته. فتحولت جماهير واسعة منهم لتأييد الزعماء، ولا سيما التقليديين منهم الذين يعطلون الحريات المدنية مقابل وعود بخدمات وتنفيعات صغيرة كثيراً ما انتهت إلى هدر الموارد وعجز المالية العامة. وساهمت تلك التشريعات المتحيزة في بناء إدارة حكومية تتبادل الدعم مع النافذين سياسياً واقتصادياً. فكانت إدارة بيروقراطية فاسدة، على وجه الإجمال، ومتبلدة، تتعامل مع المواطنين بالروتين المعوّق لمصالحهم فيضطرون للجوء إلى الرشوة أو الوساطة. إن هذا الأداء البيروقراطي للإدارة يُحبط هو أيضاً المبادرات الاستثمارية المحلية والأجنبية.

مؤطر

الفقراء في لبنان والقدرة على الإستثمار

إن النقص لدى الفقراء (اللبنانيين) في امتلاك الأصول الإنتاجية، بما فيها الأرض والقروض والمعلومات، يحول غالباً دون تمكنهم من اطلاق المشاريع الصغيرة والمتوسطة المولدة للدخل، والتي يفترض بها أن تكون اليوم مجالاً مميزاً قادراً على خلق فرص عمل جديدة، بعد حال التشبع الي تعيشها القطاعات التقليدية. فالفئات الفقيرة تجد صعوبة فائقة في الوصول إلى تسهيلات مصرفية أو مالية. إذ أن بنية التسليف المصرفي شديدة التركيز إلى حد أن 2,0% من المستلفين استحوذوا على 4,21% من التسليفات في الفصل الأول من عام 1993 مثلاً في حين أن 77% منهم لم يحظوا سوى بـ 5,6% منها.

المصدر: النشرة الفصلية لمصرف لبنان، الفصل الثاني، 1993.

5. من مفهوم النمو إلى مفهوم التنمية أومن التطور الكمي للإنتاج إلى التقدم النوعي للمجتمع

تحقق النمو الاقتصادي، في بلدان العالم المتقدمة منها والمتخلفة، عن طريق القطاع الخاص الذي تحميه الدولة أو عن طريق القطاع العام ومؤسسات الدولة مباشرة. وإذا كان النمو الاقتصادي يمثل شرطاً ضرورياً لتحقيق الثروة إلّا أنه لا يمثل شرطاً كافياً لوضع الناس على طريق تقدم ورفاه وأمن المجتمع.فقد تحقق هذا النمو الإقتصادي في البلدان الغربية المتقدمة خلال الثورة الصناعية الأولى (أواخر القرن الثامن عشر) والثانية (أواخر القرن التاسع عشر)، بفضل توفير شروط النمو التكنولوجية والاقتصادية والثقافية والاجتماعية والتربوية والتشريعية. هذه الشروط التي مكنت من الإستعمار ومن استغلال مكثف للعاملين الأجراء في البلدان الصناعية، كما وحققت هذه الشروط خلال العقود

المعلوماتية والتقنيات الحديثة للإتصالات، النمو الاقتصادي في بلدان جنوب شرق آسيا وبعض دول أميركا اللاتينية (البرازيل، المكسيك)، التي كانت تصنف في ستينات القرن الماضي من بين الدول الفقيرة والمتخلفة.

وفي البلدان المتخلفة تلاحظ ظواهر النمو الاقتصادي، غيرالمتوازن وغير المنتظم، غير أنه في ظل سلطات وإدارات فاسدة وتشريعات متحيزة كان هذا النمو يأتي لصالح النافذين سياسياً واقتصاديا ويرسّخ نوازع التقليد والتسلط ويؤدي أحياناً إلى تهميش وبطالة وإلى إفقار المزيد من الناس في الزراعة والحرف والصناعات الخفيفة، ويبقيهم داخل ثقافة المحافظة والخرافة والتعصب.

لقد أدت سلبيات النمو الاقتصادي الكمي في تجارب بلدان العالم على اختلافها إلى تبلور وعي اجتماعي اقتصادي وحركات سياسية ونقابية تعارض نتائج التهميش والافقار والبطالة وتضغط للتحول من النمو الاقتصادي الآحادي البعد، المحتكر والحاصل في ظل حرية السوق وتساهل الدولة، إلى مفهوم آخر يفرض على الحكومات توجيه ثمار النمو الاقتصادي باتجاه تنمية الأوضاع الاجتماعية، الثقافية والسياسية، بشكل متوازن بين المناطق والفئات، في ظل تدخلات مباشرة من مؤسسات الدولة عبر سياسات مبرمجة. وتبلورت هذه الرعاية في ظل نماذج أخرى للتنمية تقوم أساساً على القطاع الخاص وتحرير السوق والاستثمار بما تقتضيه العولمة.

وقد اعتمدت نظريتان في تحقيق التنمية عبر سياسات الدولة:

ـ سياسات التنمية الليبرالية التأشيرية (Indicative) القائمة على مبدأ التحفيز بالدعم المالي أو التقني وحصره بمن يتبع برامج وسياسات الحكومات في المجتمع والإنتاج.

ـ وسياسات التنمية الاشتراكية المركزية المدولنة (Develop. étatisé) القائمة على تحكم مؤسسات الإدارة الحكومية بالقطاعات الإنتاجية لإنتاج السلع والخدمات المطلوبة في الأسواق.

ولكن تاريخ التجارب التنموية الحديثة في بلدان العالم الفقير أثبتت أن دور

تتحول إلى بيروقراطية خاملة تفرض توجهاتها ومشروعاتها من فوق (أي من القرار الحكومي) إلى تحت (الى ميدان التنفيذ في الإدارات الفرعية والمناطق) دونما اعتبارلأهمية إشراك الناس أو نخبهم على الأقل في تنفيذ الخطط واستثمار البرامج والمشاريع المقترحة في تقييم نتائجها. وهذا ما سبب ويسبب هدراً كبيراً في الرساميل المادية والمالية والبشرية المستثمرة فيها، وأدى إلى بروز فهم جديد للتنمية، في ادبيات المنظمات الدولية خاصة، يركز على مبدأ مشاركة الناس المستفيدين بأنفسهم في اقتراح المشروعات ومتابعة تنفيذها وتقييمها (Evaluation). وهذا الفهم للتنمية يفترض قيام ما يُسمى بـ«الحكم الصالح» (La bonne gouvernance) للقوى المحلية (منظمات غير حكومية، بلديات...) في إدارة عملية التنمية.

ويفضل الخبراء الذين يحررون « تقرير التنمية البشرية» السنوي الصادر عن «برنامج الأمم المتحدة الإنمائي ـ UNDP» منذ العام 1990، الحديث عن نموذج آخر للتنمية معروف بـ « التنمية البشرية المستدامة » يقترحونه كبديل عن النموذج التنموي الذي يستنزف البيئة من خلال استنزافه للموارد الطبيعية ويؤدي إلى تلوث الهواء والتربة والمياه وذلك لانه ينفذ، في تقديراولئك الخبراء، في غياب الناس وليس بمشاركتهم. ويحدد طارق بانوري وهايدن في تقرير UNDP الصادر سنة 1995 بأن «**التنمية البشرية المستدامة هي توسيع خيارات الناس وقدراتهم من خلال تكوين رأس مال اجتماعي يساعدهم على تلبية حاجيات الأجيال الحالية بأعدل طريقة ممكنة دون الإضرار بحاجيات الأجيال القادمة**».

6. هل يمكن أن يشارك الناس في تقرير خياراتهم قبل تمكينهم من القدرات الضرورية؟

المقصود بالمشاركة كمبدأ أساسي في التنمية هو التمتع بالقدرات المعرفية والتفاوضية على فرز الأفكار واتخاذ القرارات في تحديد أولويات الحاجات،

المشتركة والحلول الأفضل. وقد لوحظ أن أياً من نظريات التنمية المركزية الليبرالية التأشيرية منها أو الاشتراكية لم تحفّز المواطنين المستفيدين من المشروعات على إبداء آرائهم والتعرف بالتالي على أبسط الشروط الفنية والاقتصادية المتروكة للخبراء والإداريين. وهذا ما أدى إلى الهدر والفساد والتهميش. لذلك فإن الطلب إلى الناس للعودة إلى التحفز والمشاركة الصعبة لن يتحقق بمجرد التمني عليهم وتذكيرهم بمصالحهم. فقد أطبقت الثقافة المهيمنة المحافظة على الوعي الجماعي لديهم وهذا ما أدى إلى انغلاق ثقافتهم الشعبية وقيمهم وإلى ترسخ التخلف، حتى أصبح الخروج منها لا يتحقق إلّا من خلال عملية تربوية (Re-éducation) يتدرج الناس خلالها من مستوى الإشراك البسيط في الدرجات الأولى من سلم القرار والتنفيذ، إلى مستوى المشاركة المتكافئة مع الخبراء والإداريين المعنيين بالمشروع في الدرجات العالية من هذا السلم.

والتدرج على سلم المشاركة واتخاذ القرار يتم من خلال تمكين البشر من القدرات الذهنية والمهارات الضرورية عبر التعليم والتثقيف العام وتسهيل فرص الوصول إلى الرأسمال النقدي والأسواق وعبر تحسين عوائد إنتاجهم لاستثارة حوافز مشاركتهم في اتخاذ القرار ومتابعة تنفيذه إحساساً منهم أنه يُنفذ من أجل تقدمهم الفردي والاجتماعي.

وفي التقرير الصادر عن «برنامج الأمم المتحدة الإنمائي» و«الصندوق العربي للإنماء الاقتصادي الاجتماعي» بعنوان «تقرير التنمية الإنسانية العربية للعام 2002» برز تعريف مختلف للتنمية لا يكتفي بتوصيفها بالبشرية على اعتبار أن مثل هذا التوصيف يمكن أن يختزلها إلى تطوير الرأسمال البشري أو إلى كفاءات ومهارات العاملين الذين يصبحون مجرد أدوات أو مدخلات (Inputs) في عملية التنمية وليس هدفاً. فمؤشرات التنمية البشرية في تقارير الـ (UNDP) الصادرة تحت عنوان" التنمية البشرية " تركز على متوسطات حصة الفرد من الدخل والعمر المتوسط المتوقع لعيشه ونسب الإلتحاق بمستويات التعليم. ولذلك جاء «تقرير التنمية الإنسانية العربية» ليشير إلى أن هذه المؤشرات غير

كافية لقياس الأبعاد المهمة الأخرى في تنمية الإنسان. وفي طليعة هذه الأبعاد «الحرية» كشرط ضروري لتحقيق التنمية «وغاية أسمى لها» (تقرير التنمية الانسانية العربية للعام 2002 صفحة 16).

هذا في الوقت الذي نعتقد فيه أن الحرية هي كالمشاركة، عملية يتم التدرج إليها بفضل التمكين الاقتصادي والاجتماعي والثقافي على المدى المتوسط والبعيد، ولا يمكن أن يتم الانطلاق منها. وأن تجارب التنمية الاقتصادية التي شهدها التاريخ المعاصر بدأت في ظل أنظمة مركزية وغير ديموقراطية غالباً. وتتدرج شعوبها اليوم بفضل نضالاتها المُطالبة بالحقوق المدنية والضمانات الاجتماعية المعروفة في مصاف المجتمعات المتقدمة.

وجدير بالذكر أن تدرج الناس، والمهمشين منهم خاصة، إلى المشاركة والحقوق والضمانات المشار إليها آنفاً لم يكن مُسَهلاً من قبل المتحكمين بالثروة وسلطة القرار، وقد استغرق تمكينهم من الوصول في أوروبا الغربية إلى اعلان وممارسة الحقوق والضمانات الاجتماعية ما يقارب القرون الثلاثة كما نقرأ في المؤطر رقم 4.

مؤطر

التقدم ممكن ـ وإن كان غير حتمي ـ على ثلاث جبهات

لقد استغرقت المجتمعات المتقدمة الأكثر استثارة ثلاثة قرون لتحقق الأبعاد المدنية والسياسية والاجتماعية للتنمية البشرية. فقد أرسى القرن الثامن عشر الحقوق المدنية. بدءا من حرية الفكر والكلام والدين وصولاً إلى سيادة القانون. وفي القرن التاسع عشر قطعت الحرية السياسية والمشاركة في ممارسة السلطة السياسية خطى كبيرة.بامتداد حق التصويت إلى مزيد من الناس. وفي القرن العشرين طبقت دولة الرفاه الاجتماعي التنمية البشرية على المجالات الاجتماعية والاقتصادية. بإقرارها بأن المستويات الدنيا للتعليم والصحة والتغذية والسلامة والأمن أساسية لحياة متحضرة ولممارسة الصفات المدنية والسياسية للمواطنة. وهذه المعارك لم تُكسب بسهولة أو بدون مقاومة. فكل دفعة إلى الأمام كانت تعقبها دفعات مضادة رجعية وانتكاسات.

فالنضال في سبيل المدنية عارضة، بعد الثورة الفرنسية، أولئك الذين كانوا يخشون أنه لن يؤدي سوى إلى طغيان ـ إذ كانوا يخشون أن الكفاح في سبيل المشاركة السياسية سوف يستبعد الجماهير. ونحن نشهد الآن واحداً من هذه الهجمات المضادة على الحريات الاقتصادية في دولة الرفاه الاجتماعي ونشهد تراجعاً جزئياً على بعض الجبهات. والحجة التي تساق في هذا الصدد هي مرة أخرى أن ما يتحقق هو عكس النتيجة المقصودة. ومثلما كان يقال أن الحرية السياسية تؤدي إلى الطغيان، والحرية السياسية تؤدي إلى العبودية. يقال الآن أن هذا القدر الكبير من الاهتمام المتعاطف بالفقراء لا يمكن أن يؤدي سوى إلى استمرار فقهم. وتبيّن تقارير التنمية البشرية أن التقدم البشري ممكن، وإن كان غير حتمي، على جميع الجبهات الثلاث.

المصدر: تقرير التنمية البشرية لعام 1993.

المراجع:

1 ـ تقرير التنمية الإنسانية العربية للعام 2004.

2 ـ پول فابرا «مستقبل الرأسمالية» إصدار وزارة الثقافة السورية.

3 ـ «تقرير التنمية البشرية للعام 1996» الصادر عن برنامج الأمم المتحدة الإنمائي.

4 ـ Centre d'Information Stratégiques et Economiques Enquête esctusive sur les revenus des libanais, Beyrouth - Aout 1994.

5 ـ نبيلة حمزة وعدنان الشعبوني «التنمية البشرية المستدامة ودور المنظمات غير الحكومية ـ حالة البلدان العربية، صادر عن الإسكوا ـ تشرين أول 1999.

6 ـ النشرة الفصلية لمصرف لبنان، الفصل الثاني، 1993.

7 ـ «تقرير التنمية الإنسانية للعام 2002».

8 ـ «تقرير التنمية البشرية لعام 1993».

الفصل الثاني

التنمية الوطنية وعلاقتها بالتنمية المحلية

المقدمة

شعرت حكومات الدول الصناعية الأوروبية أن خطط وبرامج التنمية، التي أقرتها مركزياً منذ اعتمدت سياسات التدخل في النمو بعد الحرب العالمية الأولى ونفذتها عبر وزاراتها وإداراتها البيروقراطية، لم تراعِ التفاوت في نمو قدرات المناطق على الإفادة من تلك الخطط والبرامج.

وهذا ما جعل المناطق الغنية والأقدر تزداد غنى وجعل الفجوة بينها وبين المناطق الفقيرة في الدولة ذاتها تتسع. وجعل حركات المعارضة تزداد نفوذاً وتحريضاً على هذه الفجوة. لهذا تحولت الحكومات، منذ ستينات القرن العشرين، من المنهج المركزي في التنمية إلى المنهج المناطقي الذي يشرك الهيآت المنتخبة في المناطق في تقرير أولويات حاجاتها، وفي تمويل تنفيذها والإشراف عليه.

وفي البلدان النامية، وبعد ربع قرن من الإستقلالات التي أعقبت الحرب العالمية الثانية، ومن التخطيط الحكومي المركزي، إنتهت هذه التجارب إلى تمركز الإنماء في العواصم، وإلى تفريغ الأرياف وتوجه النازحين إلى الوظيفة

للمالية العامة. بعد كل هذه العثرات بدأ الكلام حول الانماء في البلدان النامية يركز على ضرورة إشراك المجتمع المحلي من خلال البلديات واللجان المحلية في تقرير وإدارة تنفيذ مشروعاته الإنشائية، وفي تحسين إستغلال موارده الطبيعية والبشرية.

أولاً: مفهوم المجتمع المحلي في بلادنا

قبل منتصف القرن العشرين كانت البلاد أو ما يمكن أن نسميه بالمجتمع الكبير (Macro society) تتفرع إلى مدن وأرياف:

- كانت المدن الكبيرة تنقسم إلى مناطق (Zones) تتمايز، قليلاً أو كثيراً، عمرانياً وإنتاجياً ومعاشياً. وتتكامل هذه المناطق في توفير الأدوار الاقتصادية والإدارية والثقافية للمدينة الواحدة. وتنقسم كل منطقة في المدينة إلى أحياء وحارات تختلف فيها معالم الدور الاقتصادي او سمات الثقافة السائدة محلياً كالجيرة والتعارف وتقاليد التعاطف وما شابه. إنها معالم جعلت من بعض المناطق في المدينة أقطاباً (Pôles) استقطبت الفعاليات الاقتصادية والاستثمارية والمؤسسات الإدارية إلى مناطق معينة في بيروت على سبيل المثال (رأس بيروت ـ الأشرفية وبعض أحياء المزرعة) واستقطبت العمالة النازحة من الأرياف والزراعة إلى الضواحي الشعبية ومنها على سبيل المثال (برج حمود ـ برج البراجنة ـ حي السلم والدكوانة).

- وكانت الأرياف تنقسم إلى قرى كبيرة (بلدات) أو صغيرة يغلب فيها الإنتاج الزراعي شبه الإكتفائي أوالتبادلي البسيط. فترتبط كل واحدة منها بصورة مباشرة بالقطب المديني الأقرب، كمراكز الأقضية في لبنان مثلاً، الذي يوفر لها الخدمات التسويقية والإدارية والتعليمية والطبية وغيرها. ويستفيد هذا القطب المديني بالمقابل من تسويق فوائض الإنتاج الزراعي أو الحرفي للأرياف التي تعرض في الأسواق اليومية أو الاسبوعية للمدينة القطبية أو

وكانت المناطق المختلفة في المدينة الواحدة أكثر تداخلاً وترابطاً عضوياً في اسواق موحدة تشد إليها كل قرية بمفردها مباشرة بحيث لا يبقى إلّا القليل من مبررات الترابط الاقتصادي والخدماتي بين القرى. وفي ظل هذا الإنغلاق على بعضها ظهرت كل قرية وكأنها تشكل كياناً نظامياً (Système communautaire) عصبوياً يتميز بخصائص عناصره وروابطه. إنها خصائص تميل الثقافة المحلية السائدة في القرية إلى المحافظة عليها فيحرص الأفراد المولودون فيها على تميّزها عن القرى الأخرى مفاخرين بمزاياها ومتعالين على أبناء القرى المجاورة إلى حد اطلاق الألقاب المبتذلة على أهلها. وهذه هي أبرز معالم الإرتباط التعصبوي بالمجتمع المحلي القروي الذي يغلب فيه الإنتاج الزراعي أو الحرفي العائلي.

خلال عقدي الخمسينات والستينات من القرن العشرين تغيرت علاقات الترابط الاقتصادي وغير الاقتصادي بين المدينة والقرية في لبنان وبدل أن يبقى سوق المدينة متلقياً لفوائض الزراعة والحرف القروية انفتح على استيراد الفوائض الزراعية الإغراقية (Damping) المستوردة من الخارج والمنافسة لمنتجات القرى برخص أسعارها (الحليب ـ الحبوب ـ الخضار والفواكه)، وراحت أسواق المدن في العاصمة بيروت وعواصم المحافظات مثلاً تضخ هذه المستوردات الإغراقية إلى القرى، فأدى ذلك إلى توقف الكثير من المزارعين عن إنتاج محاصيلهم التقليدية وإلى تحول المزارعين الكبار منهم باتجاه اعتماد التكنولوجيا المستوردة التي لا تحتاج لعمالة (Employment) كثيفة في الزرع والجني. فلوحظت موجات نزوح المزارعين الصغار ومعهم الحرفيين إلى ضواحي المدن.

لقد أدى التوسع في قطاعات الأعمال والمصارف والتجارة في البلاد إلى تحول في شبكة الأسواق: من شبكة محصورة في العاصمة ومراكز المحافظات تستقبل عروض المحاصيل القروية الفائضة الزراعية والحرفية إلى شبكة من

قرية كبيرة نسبياً في منطقتها، أو ما نسميه بلدة، تستقطب عدداً من القرى الصغيرة المتجاورة. فيشكل مثل هذا السوق المحوري في البلدة المميزة قاعدة أكبر لمجتمع تعددي أكبر لا يقل تعارفاً عن المجتمع القروي يزداد تشابهاً في معوقات نمو موارده ويزداد تشابهاً في حاجاته المتعلقة بفرص التنمية. هذه الفرص التي يمكن أن توفرها له سياسات وبرامج التنمية على الصعيد الوطني الكبير. إن هذا التوسع في تفرع وتشابك الأسواق انعكس على تحديد مفهوم المجتمع المحلي (Micro society) ليتجاوز حدود القرية المنكفئة على إنتاج شبه اكتفائي إلى حدود جديدة هي حدود منطقة أو محور من القرى (Cluster) تتشابه في مواردها ومزاياها الثقافية ـ الاجتماعية.

ثانياً: مفهوم تنمية المجتمع المحلي أو التنمية المحلية
(Local Devolopment)

كانت وما زالت وزارات الخدمات (صحة ـ تربية ـ شبكات بنى تحتية ـ إسكان...إلخ) في الدولة المركزية معنية من خلال أجهزتها المختصة، المتراتبة نزولاً من العاصمة مروراً بالمحافظة والقضاء وانتهاءً بالقرية، بتلبية حاجات المجتمعات المحلية دونما تنسيق أو تكامل في ما بينها. وهذا ما جعل تدخلاتها متنافرة، لا تساهم تدخلات أو خدمات كل واحدة منها في رفع جدوى خدمات الوزارة الأخرى: فالتعليم الذي ترعاه وزارة التربية على سبيل المثال في مدرسة القرية لا ينعكس على رفع مستوى تقنيات الإنتاج الزراعي المحلي الذي ترعاه وزارة الزراعة وهكذا الأمر بالنسبة لبقية الوزارات.

إن مثل هذا التنافر الذي يطبع الخدمات الحكومية كما يطبع الخدمات التي تقدمها الجمعيات الأهلية في المناطق والقرى يجعل منها خدمات متوازية وغير متكاملة، ويؤدي إلى هدر الموارد البشرية والمالية للدولة وإلى المزيد من البطالة والنزوح والهجرة والعجوزات في الموازين التجارية والمالية..

لقد أدى سياق النمو الاقتصادي ـ الاجتماعي المتنافر الذي رعته الدولة المركزية إلى تفاقم التفاوت بين المناطق والفئات الاجتماعية. وهذا ما وفر ظروفاً موضوعية لتوسع الميول الإصلاحية السياسية في البلاد وفي المناطق باتجاه التحول إلى منهج التنمية المحلية حيث تشارك هيئآت أو لجان أو فاعليات المجتمع المحلي قدر استطاعتها بتشخيص الموارد الموجودة والمتاحة وبترتيب أولويات الحاجات والمشاريع وتشارك كذلك بمتابعة تنفيذ هذه المشاريع وتقييمها.

وفي هذا المنهج التشاركي (Participatory approach) المعتمد نظرياً، يمكن أن يتدرج الناس في المجتمع المحلي من مواقع القبول والتلقي السلبيين للتدخلات النازلة إليهم إلى مواقع النقاش والتقرير على الصعيدين المحلي والوطني. وتصبح مشاركتهم المحلية المرتجاة ضماناً لصحة التقديرات التي تقوم عليها خطط الوزارات المعتمدة مركزياً. وتصبح هذه الخطط المركزية ضامنة لتحقيق معدلات النمو التي تحققها برامج التنمية المعتمدة محلياً في تطوير مختلف الموارد البشرية والمادية.

إن اعتماد المنهج التشاركي بين المنظمات الحكومية وغير الحكومية المتدخلة من جهة وبين الجماعات المحلية المستفيدة من جهة أخرى في مجالات تشخيص مواردها وفي تحديد حاجات وإمكانيات استثمارها، يشكل في مفهوم التنمية المحلية المروّج حديثا في الأدبيات الدولية، شرطاً رئيسياً للربط العضوي الجدلي بين النهوض الأهلي لتنمية المجتمع المحلي من ناحية، وبين التطوير الحكومي في مجال إقرار وتنفيذ السياسات التنموية على الصعيد الوطني من ناحية أخرى.

مؤطر 1

مفهوم التنمية المحلية

«إن أكثر المفاهيم تعقيداً هي أقربها إلى القلوب. ومفهوم التنمية المحلية يحرّك في النفوس أكثر من أمل: ففيه إقرار مبدئي للجماعات والمجتمعات الصغيرة بالحقوق والقدرات والتمايز والاستقلالية، وفيه إيحاءات ولو متنافرة بالخلاص من المركزيات الماحقة. وهو المفهوم الذي إنتهت إليه التنمية الصناعية المتطورة في دول المركزيات الشمالية وقدمته كبديل نظري ومنهجي للنهوض بالتنمية المعوقة في دول المركزيات الجنوبية، بصورة معزولة عن مفهوم التنمية القومية وشروط استقلالها.

ويبرز مفهوم التنمية المحلية كتجسيد محلي لحلم الديموقراطية الأكبر للنخب المحلية التي يحلو لها بلوغه عن طريق اللامركزية والمشاركة والتكافل على دروب الكفاية إلى الرفاه. وهذا ما حفز لتبني هذا المفهوم في صياغة برامج متكاملة للتنمية المحلية في أكثر من 30 بلداً منها جمهورية مصر العربية من خلال "البرنامج القومي للتنمية الريفية المتكاملة، شروق" الذي ترعاه وزارة الإدارة المحلية.

وكان التقرير الدولي حول التنمية البشرية الصادر عن برنامج الأمم المتحدة الإنمائي قد تحدث عن «دور مبدئي للامركزية في زيادة المشاركة الاقتصادية عن طريق تسهيل أنشطة تنظيم المشاريع المحلية، مما يؤدي إلى زيادة العمالة بطرق عديدة (زيادة الإنفاق العام على تشييد وصيانة البنية الأساسية المحلية. .. وخدمات ذات نوعية أفضل. .. ودعم أفضل لمنظمي المشاريع... والإصلاح الزراعي... ووضع إستراتيجيات استثمارية لامركزية تشجع الصناعات الصغيرة وتحقق استخداماً أفضل للموارد والمواد الخام) إلّا أن هذا الحديث، وفي غياب التزام الدولة الراعية، وفي ظل مستوى متدن من التأطير السياسي والاجتماعي، يبقى حديثاً طوباوياً في البلاد والمناطق الفقيرة. يؤكد ذلك ما أورده "التقرير" ذاته في الصفحة ذاتها، من مؤشرات سلبية عن "حالات كثيرة لا يبدو فيها أن اللامركزية أسفرت عن فوائد اقتصادية ملموسة، وكثيراً ما كان السبب في ذلك عدم تنفيذها بموارد كافية أو بإقتناع كاف... " سواء بسبب محدودية تفويض السلطات المالية أو الإدارية، أو بسبب غياب خطط إقليمية تكفل تناسق التدخلات في القطاعات وتحول دون حصول اختناقات معوقة " »(*)

المرجع: أحمد بعلبكي: «التنمية المحلية في المناطق الريفية العربية ـ مفاهيم وتجارب» الصادر عام 1998 عن اللجنة الاقتصادية والاجتماعية لغربي آسيا (ESCWA) ص19 وص 28.

ثالثاً: منهج التنمية المحلية في تحديد أهداف التدخل وفي تشخيص الموارد والحاجات

1. في تحديد أهداف التدخل من أجل تنمية المجتمع المحلي

نذكّر بأن أهداف التدخل يمكن أن تكون في تلبية حاجات المجتمع المحلي إلى توفير أو تطوير بعض شبكات البنى التحتية. وهذه حاجات غالباً ما تكون موضع إجماع الناس المقيمين. ولذلك يكون هدف المسح سهلاً ومحدوداً بعدد بسيط من المعلومات.

ويمكن أن تكون الحاجات متعددة تتعلق بمجتمع مهمش، تُلح فيه ضرورات تطوير استثمار الموارد الطبيعية (بيئية) والموارد الزراعية والحرفية وتحسين جودتها للتمكن من المنافسة والتسويق. كما ويلح فيه أيضاً تطوير موارده البشرية التي لا تتوفر لها فرص الإعداد المهني والتشغيل، (human Resources) بالإضافة إلى تطوير المستويات التربوية والثقافية والصحية، وبناء القدرات التنظيمية أو المؤسسات والأطر الاجتماعية والمهنية القادرة على المشاركة في تشخيص الأوضاع والموارد والحاجات والأهداف. وفي هذه الحال تبدو أهداف التدخل شاملة ومتكاملة. ويصبح من الضروري أن يكون المسح شاملاً يتناول معطيات كثيرة حول جميع الحاجات التي يستهدفها.

2. في تشخيص الموارد والحاجات

يمكن أن نعتمد في تشخيص الموارد والحاجات طريقة المسح الشامل (Survey) عن طريق تقنيات متعددة منها:

- جمع الوثائق والبيانات حول المجتمع المحلي المدروس من مصادر محلية أو غير محلية، أهلية أو حكومية.
- تنظيم مقابلات فردية وجماعية (Focus group) لاستثارة النقاش حول المواضيع المحرجة التي يتوقع أن لا تأتي الإجابات المكتوبة عنها في

- تصميم استمارات أو استبيانات للحصول على معلومات غير محرجة (العمر ـ عدد الأولاد ـ المهنة ـ المساحة المزروعة... إلخ) تتضمن أسئلة واضحة لا تتطلب التفسير ولا تحرج المستجوب (عن الدخل ـ الموقف من الزواج المختلط ـ الموقف السياسي... إلخ) فتدفعه إلى إعطاء أجوبة غير موثوقة.

- تنظيم زيارات استطلاعية للتعرف على الهيئآت والفاعليات المحلية لعرض أهداف المسح وتبرير أهمية مشاركتها للتدرب على تقنيات التشخيص وفرز أولويات الحاجات.

- تفريغ الأجوبة أو المعلومات عن كل سؤال في رسوم بيانية ملونة. كما ويمكن ملاحظة نسب الترابط (Correlations) بين البعض منها وبين البعض الآخر في جدول يدرج البعض الأول في عناوين أفقية ويُدرج البعض الآخر في عناوين عامودية. وفي ختام المسح يوضع تقرير يشير إلى الأرقام البارزة في الجداول وفي دلالات الترابط البارزة فيها التي توحي بتفسيرات وتوصيات تتعلق بأولويات المعالجات المزمع تنفيذها من أجل تنمية المجتمع المحلي.

3. تحريك الجماعات المحلية لإشراكها في تنمية مجتمعها
(Animation)

ليس غريباً أن يُعزى تخلف مجتمع محلي ما إلى تعويقات داخلية مترابطة فيه وهي:

ـ جهل الجماعات المحلية لحقوقها على الوزارات والأجهزة الإدارية المعنية بالخدمات الاجتماعية الأساسية والبنى التحتية والبشرية الضرورية لها، وبالتالي لغياب الوعي الضروري لمثل هذه الحقوق من جهة.

ـ وحنكة القيادات التقليدية في مواصلة التحكم بولاء تلك الجماعات وتثميره في مجال الضغط على الوزارات والأجهزة لتحصيل منافع شخصية لها بعيدة عن تلك الحقوق العامة أو مستثمرة إياها بشكل يضعف جدواها.

لقاءات الخبراء أو العاملين معها في المسح الاجتماعي على تنظيم الزيارات والمقابلات المفتوحة مع الجماعات الموالية لها. وجدير بالذكر أن اللقاءات الأولية المشار إليها مع تلك القيادات يقصد منها التمهيد لطمأنة الجماعات الموالية بأن المسح التشخيصي للأوضاع والموارد والحاجات والامكانات يتم برضى قادتها المعلن. فمن المؤكد أن مثل هذا الرضى يشجع المتنورين من أصحاب المصالح المتوسطة والصغيرة ولا سيما النساء منهم على المشاركة في فهم مصالحهم الاقتصادية والاجتماعية، وعلى المشاركة في تقدير أكلاف ومردودات نجاحهم في تجاوز المعوقات الداخلية والخارجية لتلك المصالح.

وتجدر الإشارة هنا إلى:

- أن إشراك المتنورات والمتنورين في ورشة تشخيص الموارد وتجديد أولويات الحاجات وتقرير المشاريع ومتابعتها، سيرفع من معنوياتهم ومفاهيمهم على مسرح جماعاتهم وعائلاتهم.

- وإن إلمام المختصين في مجالات التنمية والوافدين من خارج المجتمع المحلي، بالخصائص المحلية للثقافة والتاريخ والاقتصاد والسياسة والتحسسات وحتى للنكات والأمثال كثيراً ما اعتبر رصيدا ذاتياً فاعلاً في تحريك وعي الجماعات المحلية ومشاركاتها، أو اعتبر على العكس من ذلك معوقاً ذاتياً كبيراً للفريق في إخراج الجماعات المحلية من تدني وعيها ومن واقع التخلي عن حقوقها لمصلحة منافع الوجهاء والقيادات الموالية لها.

وقد لوحظ أن المحاولات الأولى في إشراك المتنورين الموثوقين من أصحاب الحاجات والمصالح المتوسطة هي التي تشجع الفقراء من أصحاب الحاجات والمصالح الصغيرة. كما وأن هذه المحاولات في نقلهم من جهل المحبطين إلى وعي المبادرين ستواجهها معوقات كثيرة خلال الأشهر الأولى التي تقصر أو تطول بحسب مستوى النمو الثقافي والتضامني في مجالات بناء الأطر الاجتماعية كالأندية واللجان والبلديات والأطر المهنية كالتعاونيات مثلاً. وإن ما يشجع تلك المحاولات يعود:

المحلية لاعتماد التسهيلات الإدارية على مستوى فروعها في المحافظات وتقسيماتها.

- كما ويعود أيضاً إلى إيمان الفريق المتخصص الوافد من الخارج برسالته الصعبة وليس بفهمه لهذا العمل على أنه مجرد عمل مأجور يعطيه من الجهد ما يكفي لتبرير استمرار التعاقد معه.
- ويعود أيضاً وأيضاً إلى تمكين الفريق المختص من تقنيات الاتصال وإدارة النقاشات وتوفير المسهلات السمعية ـ البصرية والطلب من المشاركين المحليين لتقديم التمارين في عرض المشكلات والتوصيات (Recommendations).

4. المشاريع المكونة لخطة تنمية المجتمع المحلي

4 . 1 ـ السمات المفترضة للمشاريع في خطة التنمية المحلية

تتميز هذه المشاريع بسمة التكاملية في ما بينها، إذ أن الجدوى الاقتصادية لأي مشروع كان (أي التحقيق الأفضل لأهدافه بالأكلاف البشرية والمالية الأدنى) لا تتحقق إلّا بما توفره له الجدوى في تنفيذ مشروع آخر: فأي مشروع يرفع مردود أو نوعية محصول زراعي ما لا تتحقق جدواه إلّا بتنفيذ مشروع أو نشاط سابق مكمل يوفر له نوعية متطورة من المدخلات من جهة وبتنفيذ مشروع أو نشاط لاحق مكمِّل يوفر له نوعية متطورة من شروط وقنوات التسويق.

كما وأن الجدوى الاجتماعية لأي مشروع (أي أن تطال آثاره المادية والبشرية أكبر عدد ممكن من المستفيدين) لا تتحقق إلّا بما يوفره هذا المشروع من رفع لقدرات المستفيدين منه مباشرة أو بصورة غير مباشرة: فالجدوى الاجتماعية لبناء التعاونية الفاعلة لتطوير إنتاج خدمة ما أو سلعة ما وتسويقهما لا تتحقق إلّا بمقدار ما توفره، من فرص ارتقاء للوعي لدى المنتسبين على الصعد الاقتصادية والتقنية والإدارية.

الاقتصادية. ولذلك يُنصح بضرورة الدعم التشجيعي لتنفيذها باعتبار أن تطوير الوعي والقدرات يمثل تحقيقاً جيداً للجدوى الاجتماعية من المشروع، وإن جاء تحقيق جدواه الاقتصادية متدنياً بالمقارنة مع مشاريع أخرى تنفذها جماعات أخرى مؤهلة فنياً واقتصادياً وليست بحاجة إلى دعم من خارجه.

وبالإضافة إلى سمة التكاملية بين المشاريع المكونة لخطة التنمية المحلية، تتميز هذه المشاريع بسمة الاستدامة (Sustainability)، وهذا ما يتجسد في الحد من وتيرة استنزاف الموارد الطبيعية كالأرض والماء والمخصبات في الزراعة، ويتجسد أيضاً في الثقة المتولدة عن الصدقية والشفافية في التعامل مع الأطراف الداخلية والخارجية المعنية بمدخلات ومخرجات المشروع.

2 . 4 ـ ما يفترض نقاشه بين المتشاركين تمهيداً لبلورة المشروع وتنفيذه

ـ حجم ومدى استدامة توفر الموارد الأولية أو المدخلات (Inputs) من منتجات الجماعات المحلية أو من السوق الضرورية لاستدامة مشروع تصنيع الغذاء من المواد الزراعية على سبيل المثال..

ـ مدى توفر عناصر الطاقة والمياه التي يتطلبها المشروع وما هي مخاطر افتقادها خلال التنفيذ؟

ـ ما هي حدود المنافسة في النوعية والتسعير التي تبرزها دراسة السوق القريب أو البعيد، ومن هي الفئات المستهدفة بنوع المخرجات؟

ـ ما هي صيغة تنظيم إدارته وصيغ تشغيل العاملين (بالأجر ـ بالحصة من الأرباح...)

ـ ما هو مصدر الدعم الفني والتدريبي والتسليفي لإدارة المشروع؟

ـ ما هو مصدر رأس المال (تمويل ذاتي من المساهمين فيه، أم من قروض مصرفية مكفولة، أم هو منحة من منظمات مانحة...) وكيف ينقسم بين رأس مال ثابت (كالبناء والتجهيزات) (fixed Capital) ورأس مال تشغيلي (كالأجور

- ما هي المنظمات الحكومية وغير الحكومية التي تدعم مشاريع مشابهة في منطقة المشروع؟

3 .4. متطلبات متابعة خطة ورزنامة تنفيذ مشاريع التنمية المحلية

تقوم إدارة تنفيذ المشروع بمتابعة تنفيذه من خلال البيانات والسجلات اليومية والبطاقات التي تبرز المعلومات عن كل مكون من مكونات المشروع. وهذا ما يمكّن الإدارة من مقارنة النتائج التي تسجل في المحاضر الدورية عن حلقات التنفيذ وصعوباتها ونجاحاتها، ما يمكّنها من مقارنة النتائج التي تسجل ومن معرفة مدى احترام الخطة وروزنامة التنفيذ ومدى إنتظام توفر المدخلات أو الموارد الأولية ومدى احترام العقود مع الأطراف المعنية تحديداً لنقاط القوة والضعف وعدم تأجيل حل المشكلات التي تتراكم وتهدد أهداف المشروع.

4 .4. ما هي المؤشرات التي يمكن اعتمادها لتقييم تنفيذ مشارع التنمية المحلية؟

لعل المؤشر الأهم في التنمية المحلية التشاركية هو في قياس مشاركة الجماعة المعنية بالمشروع في **تشخيص** الحاجة الملحة إليه، وكذلك **مشاركتها** في نقاش شروط تنفيذه. ويأتي بعد مؤشر المشاركة مؤشرات أخرى تتعلق:
- بمتابعة المجموعة المستفيدة وأعضاء فريق الإدارة وحضورهم للاجتماعات وتوسع قاعدة المشاركين من المستفيدين.
- بالشفافية في الحصول على المعلومات واعتماد الانتخابات في تشكيل فريق الإدارة.
- بمشاركة المرأة في التدريب والتنفيذ وحتى الإدارة التي تعتبر مؤشراً على تطور فهم الجماعة المحلية لدور ومكانة المرأة.
- بقياس نسبة التزايد الكمي والتحسن النوعي للمنتجات أو الخدمات التي يشارك أعضاء المجموعة في إنتاجها وتسويقها.

الأخرى الأسرية والمعيشية والثقافية المتعلقة بالتقنيات والتشريعات وفهم الأسواق والتعامل مع المصارف. .. الخ.

وتجدر الإشارة إلى أن قياسات هذه المؤشرات التقييمية لتنفيذ المشروع تجمع في التقرير التقييمي الذي يدور حول:

- مقارنة الأهداف المنفذة مع الأهداف المخططة
- مدى الكفاءة في تنفيذ المشروع
- وحول الآثار الثانوية التي تركها المشروع خارج الأهداف الإنتاجية المباشرة لها.

مؤطر 2

مبررات المتابعة الدؤوبة لسير تنفيذ المشاريع

تتطلب المتابعة القيام بالمهام التالية وأبرزها:

تحليل ما يجمع من معلومات للتأكد من أن التنفيذ يجري وفقاً للخطة المرسومة، والتعرف على ما قد يحدث من تأخير أو قيود يتعين حسمها فوراً، ومعرفة ما إذا كان هناك تطورات غير متوقعة تقتضي إعادة النظر في الأهداف والإجراءات المتبعة.

في إطار المتابعة (Monitoring)، يُسعى إلى التأكد من أن الأعمال تنفذ كما هو مخطط لها، من حيث الكم والكيف، لضمان تحقيق الأهداف المحددة، ويُعمل على إدخال التعديلات اللازمة لتصحيح المسار نحو تحقيق الأهداف إذا دعت الحاجة. ولكي تكون المتابعة ذات فعالية، فإنه يجب أن لا تتوقف عند حد اكتشافها للإنحرافات وأوجه التقصير، وإنما يجب أن تمتد إلى اكتشاف جوانب الإمتياز ونواحي التفوق في إداء الأعمال ومسبباتها ودوافعها، ومن ثم إلى العمل على إظهارها وتشجيعها.

وتتصدر المدخلات والمخرجات والعمليات والجداول الزمنية اهتمامات القائمين على المتابعة، لأن عليهم أن يتحققوا من الحصول على مختلف المدخلات وفقاً للإجراءات المعتمدة، وفي الوقت المناسب، وبالتكاليف المقدرة لها، وبالنوعية المطلوبة، ومن تسليمها في الأماكن المحددة وفي الوقت المناسب وبأسلوب متزامن، ومن أن المخرجات المتوقعة تتحقق وفقاً للجدول الزمني المحدد لها وتتفق مع المعايير الموضوعة، كماً ونوعاً.

المرجع: أُخذ هذا النص بتصرف من كتاب «دليل تنمية المجتمع المحلي»، مرجع سابق – الجزء

المراجع:

1 ـ أحمد بعلبكي «التنمية المحلية في المناطق الريفية العربية ـ مفاهيم وتجارب» كتاب صادر عن اللجنة الاقتصادية والاجتماعية لغرب آسيا التابعة للأمم المتحدة 1998 ـ (ESCWA).

2 ـ «دليل تنمية المجتمع المحلي» الصادر عن اللجنة الاقتصادية والاجتماعية لغرب آسيا التابعة للأمم المتحدة (ESCWA) وبرنامج الخليج العربي لدعم منظمات الأمم المتحدة الإنمائية (AGFUND).

الفصل الثالث

الأطراف المعنية بإدارة التنمية وأساليبها

مقدمة: في تحول الهيكليات القطاعية للأنظمة الاقتصادية ـ السياسية

أولاً: التحولات المشهودة في البلدان الصناعية الغنية

نُشير في البداية إلى أن النظام الاقتصادي الليبرالي أو الرأسمالي الذي تبلور وتشكل في أوروبا الغربية منذ القرن الثامن عشر، قام أساساً على حرية المبادرة الفردية في الإستثمار والإنتاج وعدم تدخل الدولة في حركة السوق. فاقتصر دورها على إدارة حقوق الناس السياسية في التعبير والتمثيل قبل الحقوق الاقتصادية ـ الاجتماعية التي عليهم هم أن يطالبوا بها ويضغطوا للحصول عليها. وشهد هذا النظام بعد الحرب العالمية الأولى، حقبة جديدة تنافس خلالها مع نظام اقتصادي إشتراكي قائم على التخطيط الحكومي المركزي، وعلى احتكار القطاع الحكومي لوسائل الإنتاج الصناعي والخدمي والزراعي. تبلور هذا النظام بعد ثورة أوكتوبر عام 1917 في روسيا القيصرية في ظل الإدارة السوفياتية الراعية للحقوق الاقتصادية ـ الاجتماعية في العمل والتعليم والصحة والسكن على حساب الحقوق السياسية.

تدخل الدولة من السوق، شهدت الدول الأوروبية أزمات تضخم وكساد وبطالة هددت بأزمات اجتماعية وسياسية متوسعة. وهذا ما دفع بالفئات العاملة الشعبية والمتوسطة فيها إلى تأييد نقابات وأحزاب تميل إلى اعتماد توجه سوفياتي وأخرى تميل إلى توجه سُمي «بالديموقراطية الاجتماعية (Social - democracy)» أي تميل إلى نظام اشتراكي معتدل يقوم على حرية السوق ويعتمد في الوقت عينه التخطيط التأشيري ((indicative Planning والسياسات الراعية للحقوق الاجتماعية الاقتصادية إلى جانب الحقوق السياسية (الأحزاب الإشتراكية الديموقراطية في إنكلترا وفرنسا وإيطاليا وإسبانيا والبرتغال والسويد).

يقوم نهج التخطيط التاشيري على حصر دور الحكومات في المجال الأُقتصادي بتحليل إتجاهات النمو في القطاعات الإنتاجية والمناطق وبالتأثير على هذه الإتجاهات من خلال تحفيز المستثمرين للإفادة من الدعم أو الإعفاءات المالية شرط أن يوجهوا استثماراتهم إلى القطاعات والمناطق التي ترغب الحكومة في إعطائها الأولوية في الإستثمار والنمو.

أما نهج التخطيط في البلدان الرأسمالية ذات التوجه الديموقراطي الاجتماعي فقد قام بعد الحرب العالمية الثانية على حصر دور الحكومات في المجال الاقتصادي بتحليل اتجاهات النمو في القطاعات الإنتاجية والمناطق وبالتأثير على هذه الإتجاهات من خلال تحفيز المستثمرين للإفادة من الدعم أو الإعفاءات المالية شرط أن يوجهوا استثماراتهم إلى القطاعات والمناطق التي ترغب الحكومة في إعطائها الأولوية في الإستثمار والنمو.

المؤطر 1

مفهوم الخصخصة (Privatization)

منذ مطلع الثمانينات في القرن العشرين بدأت الحكومات الرأسمالية تتحول (حكومة مارغريت تاتشر في انكلترا وحكومة رونالد ريغن في الولايات المتحدة الأمريكية) تتحول عن السياسات الليبرالية التدخلية التي تتيح للقطاع الحكومي أن يدير الوحدات الإنتاجية

في شبكات البنى التحتية الاقتصادية الأساسية كالكهرباء والهاتف والبريد والنقل وصيانة الطرق. .. الخ وتتوجه إلى السياسات النيوليبرالية التي تبيع هذه الوحدات، كلياً أو جزئياً، لشركات من القطاع الخاص، أو تقوم بتلزيم إدارتها للقطاع الخاص.

ومن أهداف الخصخصة :

• تمكين الحكومات من تحسين ماليتها بعد بيع المرافق التي تملكها إلى القطاع الخاص.

• تمكين القطاع الخاص من المنافسة مع الدول الأخرى عبر خفض كلفة التقديمات الاجتماعية في منتجاتها وقد تناول هذا الخفض أجور ومستحقات العاملين فيها أو عبر اللجوء إلى الأيدي العاملة الأجنبية المهاجرة.

• تحسين الإدارة من خلال الإشراف المباشر لمالكي الأسهم في الإدارة الجديدة للوحدات.

المرجع: المؤلف

وجدير بالذكر أنه بعد إنهيار الاتحاد السوفياتي وتجاوز التحدي والمنافسة مع السياسات الاشتراكية السوفياتية المتدهورة، تراجعت الحكومات في هذه الدول الرأسمالية الصناعية الأوروبية تدريجياً عن سياسات الأحزاب الاشتراكية الديموقراطية فيها، فتوجهت إلى تخفيض التقديمات والضمانات الاجتماعية من أجل تخفيض أكلافها في إنتاج السلع، كما تقتضيه المنافسة في الأسواق الخارجية. وانطلقت حكومة مارغريت تاتشر في إنكلترا مدعومة بالطرح النيوليبرالي لإدارة رونالد ريغان في الولايات المتحدة إلى خصخصة (Privatization) مرافق الخدمات الأساسية التي تملكها الدولة كالكهرباء والهاتف والبريد والنقل وصيانة الطرق. .. الخ وتوجهت إلى السياسات النيوليبرالية التي تبيع هذه الوحدات، كلياً أو جزئياً، لشركات من القطاع الخاص، أو تقوم بتلزيم إدارتها للقطاع الخاص. ولحقت بها الحكومات الأوروبية الأخرى في تنفيذ برامج الخصخصة واضعة لهذه البرامج اهدافا تتمثل في:

• تمكين الحكومات من تحسين ماليتها بعد بيع المرافق التي تملكها إلى القطاع

- تمكين القطاع الخاص في الدولة من المنافسة مع الدول الأخرى عبر خفض كلفة التقديمات الاجتماعية في منتجاتها وقد تناول هذا الخفض أجور ومستحقات العاملين فيها أو عبر اللجوء إلى الأيدي العاملة الأجنبية المهاجرة.

- تحسين الإدارة من خلال الإشراف المباشر لمالكي الأسهم في الإدارة الجديدة للوحدات.

وتراجعت تلك الحكومات عن السياسات الاجتماعية الضامنة لاستقرار استخدام العاملين المأجورين متبنية شيئاً فشيئاً النهج النيوليبرالي السائد في الولايات المتحدة الأميركية. نعني بذلك، النهج الذي يراهن على تحفيز الاستثمار باعتبار أنه يوسع فرص التشغيل والقدرات الشرائية للعاملين لتغطية أكلاف العيش والتأمينات المتوقع ارتفاعها والتي يحتاجها العاملون بالأجر.

ولوحظ أنه في الوقت الذي كانت فيه الدول الرأسمالية الأوروبية ذات التوجه الديموقراطي الاجتماعي تتحول عن سياسات أحزابها اليسارية الإشتراكية باتجاه التيار النيوليبرالي، كان هذا التيار يشهد توسعاً بعد انهيار أنظمة التخطيط السوفياتي أوالإشتراكي الأوامري(imperative Planning) في بلدان أوروبا الشرقية في نهاية العقد الثامن من القرن العشرين.

ويقوم نهج التخطيط الإشتراكي الأوامري في البلدان الإشتراكية على تسلم الحكومة لدور التنظيم المركزي للأنشطة الإنتاجية والتسويقية في مختلف القطاعات والمناطق وذلك من خلال خطط تعدها وتفرضها الوزارات المركزية على الإدارات في المناطق والوحدات الإنتاجية.

ثانياً: التحولات المشهودة في البلدان العربية

سبق وأشرنا في الفصل السابق إلى الخيارات التي اعتمدتها حكومات البلدان المستقلة بعد الحرب العالمية الثانية. وكانت هذه الخيارات متوافقة مع الميول الإيديولوجية والسياسية السائدة للحركات والقيادات الاستقلالية. ولذلك

منتصف الخمسينات وحتى نهاية الثمانينات، في مصر أولاً ومن ثم في كل من سوريا والعراق والجزائر وليبيا وجنوب اليمن قبل الوحدة مع الشمال، وبين الاقتصاد الليبرالي بقيادة القطاع الخاص الذي كان قد تشكل قبل الاستقلال واستمر بعده حتى اليوم كما في لبنان والأردن وتونس على سبيل المثال، بالإضافة إلى بلدان الخليج العربي تاركاً للقطاع العام إدارة مرافق وشبكات الخدمات الأساسية كما كان سائداً في البلدان الأوروبية. وإذا كانت الدول الليبرالية الرأسمالية الخليجية قد تمكنت بفضل عائداتها النفطية من تحمل التكاليف المتضخمة للإدارة الحكومية البيروقراطية للقطاع العام حتى اليوم، وهي تواصل المحافظة على دور أساسي للدولة في إدارة استثمار قطاع استخراج وتكرير النفط لكونه يشكل المورد الأكبر على الإطلاق لماليتها، إلّا أن الحكومات العربية في البلدان غير النفطية، سواء منها التي تُدير اقتصاداً موجهاً مركزياً أو التي ترعى اقتصاداً ليبرالياً، وجدت نفسها مضطرة إلى تعديلات هيكلية تهدف إلى التخلي المباشر أو التدريجي عن ملكيتها وإدارتها الحكومية للقطاع العام، تخفيفاً للعجز المالي المتراكم في مؤسساته، نظراً لمساهمة هذه المؤسسات في تراكم مديونية الدولة إلى حد جعلها عاجزة عن تسديدها. كما وجدت نفسها مضطرة أيضاً إلى تلك التعديلات لتخفيض أكلاف منتجاتها وتحسين منافستها، ولا سيما بعد قبولها بتحرير الأسواق (market Liberalization) كشرط للإندماج والدخول إلى الأسواق العربية والأوروبية ومعاهدات الشراكة المتوسطية ومنظمة التجارة العالمية.

مؤطر 2

مفهوم الإدارة البيروقراطية

«يظهر ضعف فعالية النهج البيروقراطي في إدارة الوحدات والمؤسسات من خلال السلوكيات المعتمدة لدى الفاعلين الاجتماعيين المعنيين بإدارتها وهي سلوكيات لا تتماشى مع متطلبات النمو الاقتصادي والاجتماعي. وبالرغم من ذلك فإن أولئك الفاعلين أو المقررين يواصلون اعتمادها حماية لمواقفهم أو منافعهم».

M. CROZIER "Le phénomène bureaucratique (1963)

ثالثاً: الأطراف المعنية بالتنمية

ألف ـ الدولة طرف أساسي وأدوار متحولة

1. دور الدولة حتى نهاية السبعينات

طغى على دور الدولة، سواء في ظل الحكومات التي اعتمدت التوجه الليبرالي بقيادة القطاع الخاص أو تلك التي اعتمدت التوجه الإشتراكي بقيادة القطاع العام، هواجس اقتصادية واجتماعية متعددة أهمها:

ـ هاجس تجهيز البلاد بمرافق وشبكات البنى التحتية (كهرباء ـ طرق ـ هاتف ـ مياه والأبنية المدرسية والطبية) ولو بقدرات تنفيذية بشرية وتمويلية متفاوتة.

ـ هاجس التحديث على صعيد قطاعات الإنتاج:

وهنا عمدت الدولة الليبرالية إلى تدخلات متفاوتة سواء في حماية الإنتاج الزراعي والصناعي في المزارع والمنشآت الصناعية الخاصة من المنافسة (Competition)، أو عن طريق إعداد الموارد البشرية في مجالات التعليم العالي، أو المهني المتوسط، أو في تشجيع الاستثمار عن طريق التحفيزات الضرائبية، أو عن طريق تشجيع بناء وتجهيز الأطر التعاونية لدعم وحماية

الدولة ذات التوجه الإشتراكي نهجاً آخراً في التحديث (Modernization) إذ عمدت إلى تأميم المصارف والمصانع الخاصة وتحويلها إلى ملكيات لقطاع الدولة تديرها إدارات حكومية. وتطبيقاً لمبادئها المعلنة في العدالة الاجتماعية ومواجهة التفاوت الطبقي، عمدت الحكومات ذات التوجه الإشتراكي إلى مصادرة القسم الأكبر من الأراضي الزراعية التابعة للملاكين الكبار تاركة لهم منها مساحات لا تتجاوز ما يملكه المزارعون المتوسطون في مناطقهم. ثم عمدت إلى إعادة توزيع المساحات المصادرة على الفلاحين الصغار أو المزارعين ممن كانوا يعملون في الملكيات الكبيرة ولا يملكون. يُضاف إلى ذلك تولي الإدارة الحكومية الزراعية والمالية والتسويقية الإشراف المباشر على التأسيس والتشغيل للتعاونيات. وقد جرت إعادة تنظيم الملكية الزراعية وتدخلات الدولة في هذا القطاع الزراعي تحت تسمية الإصلاح الزراعي (Agrarian reform).

غير أن الحكومات العربية على سبيل المثال ـ الليبرالية كما الإشتراكية ـ كانت تميل دائماً إلى تثمير مباشر لجهودها التحديثية الإصلاحية في توسيع شعبيتها وحصر الولاء بزعاماتها. وكانت هذه الزعامات تعتمد على من تستنسب ولاءاتهم لها، قبل كفاءاتهم، من الموظفين لتعيينهم في الإدارات الحكومية الليبرالية المعنية بشكل غير مباشر أو في الإدارات الإشتراكية المعنية بشكل مباشر بتطوير وتسيير (Gestion) وحدات الإنتاج.

لقد أدى هذا النهج إلى ترجيح معايير المحسوبية أوالزبائنية (Clientalisme) في إدارة مشاريع أو برامج أو خطط التحديث والتنمية. وكانت هذه الإدارة، التي تشكلت خلال عقود قبل الإستقلال وبعده، والتي بذلت جهوداً متفاوتة في التحديث أو التنمية غير المتكاملة، لم تبنِ الأطر المؤسسية الضامنة لاستدامة وتثمير تحديث الإنتاج تلبية للطلب المحلي المتزايد تحت تأثيرات التزايد السكاني وتحسن مستويات المعيشة. وكذلك لم تنجح تلك الإدارة البيروقراطية

المعدة للتصدير بالرغم من تدابير الحماية الجمركية (Protectionism) التي كانت تطبقها ليستفيد منها أصحاب الوحدات الإنتاجية. خلال تلك العقود بالذات، كانت البلدان المتطورة تحدّث وتحمي وتضاعف القدرات التنافسية الكمية والنوعية والتسويقية، إلى الحد الذي دفع حكوماتها إلى الضغوط المتزايدة من أجل دفع الحكومات الفقيرة باتجاه تحرير الأسواق، والتوقيع على معاهدة الشراكة المتوسطية التي تحدد ميادين التعاون التقني والاقتصادي والبيئي، بالإضافة إلى تحديد شروط التبادل التجاري وانتقال الرساميل والأفراد. وهي ضغوط وحوافز شبيهة بتلك التي تدفع للإنضمام إلى منظمة التجارة العالمية. وانتهت هذه الضغوط المتزايدة إلى فرض التخلي عن سياسات الدعم المباشر (Subsidy) للخدمات والمحاصيل الأساسية، وإلى التخلي عن تدابير الحماية بالرغم من أن الدول الرأسمالية الغنية لا تزال تعتمد الكثير من تدابير الحماية عن طريق توفير الدعم الذكي وغير المباشر لعناصر الإنتاج والتمويل والتسويق. كما وانتهت تلك الضغوط المتزايدة إلى التحول باتجاه الفهم النيوليبرالي الذي يميل إلى خصخصة القطاع الإنتاجي الحكومي سواء في البلدان الاشتراكية التوجه، كما كان عليه الأمر في سوريا والجزائر ومصر أو في البلدان الليبرالية التوجه، كما في تونس ولبنان والأردن. وكذلك تُسهم في الضغوط من أجل التحول إلى الخصخصة، العجوزات(Deficits) في موازين المال والتجارة للبلدان العربية غير النفطية والمديونيات المتزايدة عليها مما يجعلها مضطرة لقبول توجهات صندوق النقد الدولي (International Funds Monetary _ F.M.I) والبنك الدولي (World bank) ومنظمة التجارة العالمية (world trade organization) وهي المؤسسات العالمية الثلاث التي توجه التحولات المطلوبة في اقتصادات البلدان الضعيفة النمو ومنها البلدان العربية في مقابل التعامل التجاري معها وتوفير القروض لها.

2 ـ التبلور الجديد لدور الدولة في إدارة الاقتصاد والمجتمع

اقترن النموذج السوفياتي بنهج البيروقراطية الحزبية والإدارية في التنمية الاقتصادية والاجتماعية التي حققت الإنجازات الاجتماعية الواسعة على صعيد هذه التنمية. وكان ذلك بسبب تفرد الحزب الحاكم ومنظماته الموالية في مستويات التقرير والتنفيذ الذي يمنع نمو الديموقراطية السياسية أو التعددية التي تكفل فرص النقد والمشاركة والمحاسبة والتصويب. وعلى الجانب الآخر اقترن النموذج الليبرالي في الرأسماليات الفقيرة المتخلفة بنهج بيروقراطية الهدر والفساد وتعويق القدرات الإنتاجية في مجال التنافس مما أدى إلى المزيد من العجز والمديونية والإفقار والتهميش وثبت أن انتصار الديموقراطية السياسية الليبرالية لا يعني زوال أحلام الطبقات الشعبية بديموقراطية اجتماعية شهدت تحققها في النموذج السوفياتي الشمولي. وأن هذا الانتصار «ليس هناك ما يستدعي أن يكون انتصاراً للجشع الشخصي...» على حد ما ورد في «تقرير التنمية البشرية الصادر عام 1993» عن البرنامج الإنمائي للأمم المتحدة (UNDP) صفحة 51. وكنتيجة لأجل هذه التحولات البنيوية فضل 73% من المصريين في دراسة مسحية، وجود الدولة «المتدخلة باعتدال وترعى المحتاجين على أسس منتقاة» وأجاب 87% منهم أن القطاع الخاص أكثر كفاءة اقتصادية من الدولة وأوردوا تحفظات على ميوله الاحتكارية (تقرير التنمية البشرية ـ مصر 1995، صفحة 36).

	مؤطر 3

الدور الجديد للدولة

حول مفهوم دور الدولة (الجديد):

في ظل التحولات البنيوية في اقتصاديات الدول القائمة على تحرير الأسواق أبرز التقرير المصري لعام 1995 عن التنمية البشرية في مصر تصنيفاً وظيفياً للدور الجديد

- **وظيفة التثبيت**: وتقوم على اعتماد سياسات ضريبية وإنفاقية ونقدية وتسعيرية للصرف توفر فرص التشغيل واستقرار الأسعار ولا تؤدي إلى عجز في الموازنة أو إلى تضخم.
- **وظيفة التشريع والتنظيم**: وتقوم على توفير التشريعات المشجعة للإستثمار وتحمي الملكية وتكافح الإحتكار وتحمي العمل والمستهلكين.
- **وظيفة توفير السلع والخدمات العامة**: في مجالات الدفاع والأمن والبيئة وضبط النمو السكاني والتعليم والبحث والصحة والتنمية المناطقية.
- **وظيفة الرعاية الاجتماعية**: وتتمثل بتحولات لرعاية الفقراء والجماعات الهشة عن طريق الإعفاءات الضريبية والتأمينات الاجتماعية وتدخلات المنظمات غير الحكومية.
- **وظيفة الإستشراف الإستراتيجي** (من أجل اللحاق بالركب) وتقوم على بناء السيناريوهات والخطط في مجالات السياسات البحثية والتكنولوجية والاقتصادية.

المرجع: تقرير التنمية البشرية ـ مصر، 1995.

باء ـ دور البلديات كطرف في الإدارة المحلية لتنمية موارد المجتمع

نُذكّر أن تشكل نظام الإدارة المركزية (Central Administration) ترافق مع قيام الدولة القومية (State Nation) في أوروبا الغربية (فرنسا، إيطاليا وألمانيا) منذ مطلع القرن التاسع عشر، في أطر الأنظمة الجمهورية الحديثة التي تتوزع فيها السلطات الدستورية. ويقوم هذا النظام على السلطة التشريعية المنتخبة من الشعب. هذه السلطة التي تعطي الثقة للحكومات بناءً على سياساتها المقترحة، وتحاسبها على مدى التزامها بما وعدت بتنفيذه.

وأناطت الحكومات إدارة المدن الكبيرة والمناطق بمراكز إدارية تنسق بين الفروع المحلية للوزارات يرئسها موظف كبير يُسمى محافظاً، كما هو الحال في لبنان، حيث يساعده موظفون آخرون يُسمون قائم مقامون ينسقون مثله بين

المحافظة أو المنطقة الكبيرة. ويتقاسم رئيس الإدارة أو القائم مقام مع رئيسه المحافظ الصلاحيات في هرمية الوزارة التي يشرف عليها وزير الداخلية أو وزير الإدارة المحلية أو الحكم المحلي كما يُسمى في بعض البلدان العربية. ولكن نظام توزيع الصلاحيات المتمركز (Centralized) هذا الذي أنشأته الدولة القومية سابقاً ليدير مناطق متفاوتة النمو لم يُمكّن المناطق الأقل نمواً من اللحاق بنمو المناطق المتقدمة عليها. من هنا برزت في بلاد العالم كما في لبنان مطالبات متزايدة بضرورة التحول عن نظام المركزية الإدارية إلى نظام اللامركزية الذي يُتيح للمناطق أن تنتخب سلطة محلية (Local authority) تُدير شؤونها العامة وتسعى بالتنسيق مع أجهزة الوزارات فيها لتلبية حاجات المناطق واستثمار مواردها وتحصيل رسوم وضرائب تُشكل ماليتها التي تستثمرها في تغطية أكلاف وظائفها ومشروعاتها التنموية المحلية.

وإذا كان من المفيد أن نتوقف امام الحالة اللبنانية فلا بد من التذكير هنا بأن التحول إلى اللامركزية لم يتحقق في لبنان، بالرغم من ورود نص حوله في ميثاق إتفاق الطائف (1989) الذي يرتدي طابعاً دستورياً، وبأن جبل لبنان كان قد سبق منذ منتصف القرن التاسع عشر بتحقيق جزئي للنظام اللامركزي من خلال تعيين مجالس بلدية في بعض المدن والبلدات. وقد توسع هذا التمثيل المحلي حتى بلغ 83 مجلساً عشية الإستقلال، وقد وصل هذا العدد في منتصف التسعينات إلى 160 مجلساً كما يبين الجدول اللاحق. ويمثل المجلس البلدي مبدئياً حلقة أساسية في نظام الإدارة اللامركزية غير المكتمل في لبنان حيث تتوسع المطالبات والمؤتمرات الداعمة لاستكماله.

واليوم يزداد الإهتمام النخبوي وتتبلور ضغوطه لتعزيز الدور التنموي للبلديات واتحاداتها المناطقية ولتعديل نصوص قانونها الصادر عام 1977 باتجاه إعطاء مجالسها المنتخبة المزيد من الصلاحيات التي ما زالت منوطة تصاعديا بسلطة الوصاية المتمثلة بالقائمقام ومن ثمّ بالمحافظ وصولا إلى وزير الداخلية، ويتركز الاهتمام بطرح اللامركزية للتمكن من القيام بالتنمية المحلية وفق المنهج

الاهتمام النخبوي المشار إليه وجوب ممارسته بشفافية لكي يُتيح للناخبين مساءلة من ينتخبونهم محلياً وكذلك من ينتخبونهم إلى الندوة البرلمانية. وتتركز جهود المنظمات المانحة والمنظمات الدولية في هذا الاتجاه من خلال تدريب المجالس البلدية حول مسائل الإدارة والمحاسبة وبلورة المشروعات سواءً في مجال خدمات شبكات البنى التحتية أو في مجال استثمار الموارد الاقتصادية.

وجدير بالتذكير أن قانون البلديات يُعطي الحق لكل قرية، يتجاوز عدد سكانها الألف نسمة وتتمكن من جباية موارد محلية لا تقل عن مليون ليرة لبنانية، بإنشاء بلدية. وقد بينت التجربة اللبنانية أن حوالى نصف الوحدات السكانية في لبنان، أي 750 وحدة من أصل 1423 وحدة (قرية أو بلدة أو مدينة) في لبنان، يراوح عدد سكانها بين ألف وثلاثة آلاف نسمة. وهي بالتالي وحدات صغيرة ومنها ما يشهد نزوحاً وهجرة لما يراوح بين الربع والثلث من السكان والناخبين المسجلين. ويتوزع التمثيل في مجالسها البلدية على عصبيات العائلات والأجباب والأحزاب المحلية، مما ينقل الخلافات والحساسيات الضيقة إلى داخل المجلس. وهذا ما يؤدي إلى تعطيل التفاهم على معايير تنموية ويعرّضها إلى الحل أو إلى وضعها كلياً بتصرف القائمقام المرتبط بالمحافظ وعبره بوزير الداخلية، ويعطل بالتالي مفهوم البلدية كسلطة منتخبة محلياً للمشاركة بالتنمية. لذلك نرى أن مقتضيات التنمية في نطاق البلدية السكاني تفرض أن يتوسع باتجاه إنشاء بلديات موسعة أو محورية تضم عدة قرى (cluster) مما يخفف المواجهات العصبوية المحلية ويرفع من الجدوى الاقتصادية والاجتماعية(Economic and social feasibility) للمشروعات الإنشائية المرتبطة بالبنى التحتية أو للمشروعات التنموية.

جدول رقم 1 يبين تواريخ التأسيس للبلديات في أقضية جبل لبنان حتى عام 1994

المجموع	غير معروف	1975 1994	1960 1974	1944 1959	1920 1943	1900 1919	1899 وما قبل	تاريخ التأسيس القضاء
17	1	2	10	-	-	2	2	جبيل
39	-	7	14	3	11	2	2	كسروان
43	3	-	12	9	8	7	4	بعبدا
43	1	-	16	6	14	4	2	المتن
51	5	-	18	17	2	4	5	عاليه
67	2	2	46	3	10	2	2	الشوف
160	12	11	116	38	45	21	17	المجموع

المصدر: واقع البلديات في لبنان، منشورات المركز اللبناني للدراسات ــ بيروت 1998 صفحة 103

جيم ــ القطاع الخاص ودوره في التنمية

أشرنا في نصوص سابقة إلى أن دور القطاع الخاص في قيادة الاقتصاد والسوق قبل منتصف خمسينات القرن العشرين تراجع فيما بعد لصالح القطاع الحكومي. وكان هذا التراجع جزئياً، كما في بلدان الخليج عندما قامت الحكومات بتأميم (Nationalization) النفط وتكريره وتصنيع بعض مشتقاته. وتعهدت هذه الحكومات بتوفير الخدمات الاجتماعية الأساسية كالتعليم والصحة والتشغيل والإسكان. وأشرنا إلى أنه بعد مرور عقدين إلى ثلاثة عقود، اضطرت حكومات هذه البلدان تحت ضغط أزمات اقتصادية وحاجاتها للتمويل أن تتحول باتجاه الخصخصة وتحرير الأسواق وإعادة الإعتبار لقيادة القطاع الخاص في النمو الاقتصادي مُراهنة على قدراته الاستثمارية الإنتاجية والتمويلية التنمية من خلال اقتصاد السوق ومُراهنة أيضاً على مشاركة القطاع الخاص في توفير الإستثمارات المطلوبة لتطوير خدمات شبكات البنى التحتية.

غير أن هذه المراهنات ظلت مراهنات نظرية إلى حد بعيد حيث لوحظ أن الاستثمارات الخاصة تتوجه إلى القطاعات التي يتسارع فيها دوران (Rotation)

إلى المخاطرة في استثمارات التصنيع والزراعة التي تتطلب كفاءات بشرية ومناخات سياسية وأمنية وقضائية غير مضمونة في البلاد. لا بل لوحظ أن المناخات المتوترة تعزز من ميول الاحتكار والمضاربة (Speculation) لدى كبار المستثمرين. وبرز ذلك في تخوف المصريين الظاهر في الدراسة المذكورة سابقاً عندما سُئلوا عن رأيهم في تحويل الخدمات الصحية إلى القطاع الخاص، فأجاب أكثر من ثلثي المستجوبين، خاصة في أوساط رجال الأعمال والشخصيات القيادية، بأنهم يفضلون أن يضطلع كل من القطاع العام والقطاع الخاص على السواء بتوفير هذه الخدمات الصحية. أما في مجال التعليم، فقد فضل حوالى 55% من العينة أن يضطلع القطاعان العام والخاص بتوفير هذه الخدمات.

وتجدر الإشارة إلى أن تمتع القطاع الخاص بالمزايا المشار إليها بالمقارنة مع القطاع الحكومي داخل البلد الواحد لا يعني إعفاءه من المنافسة الحادة التي تعرضه، بعد تحرير الأسواق وفتحها بمقتضى معاهدات الشراكات مع أوروبا ومع البلدان العربية وبعد الإنضمام إلى منظمة التجارة العالمية، إلى منافسات إغراقية (Dumping) ولم يتأهل القطاع الخاص لمواجهتها بفعل سياسات تأهيلية إنتقالية تُشرف عليها الحكومات قبل تحرير الأسواق. فيجد هذا القطاع الخاص اليوم نفسه يواجه منافسات تهدد مؤسساته بالإقفال وتسريح العاملين والتسبب بالأزمات الاقتصادية والاجتماعية في البلاد.

دال. دور المنظمات المجتمعية أو غير الحكومية في التنمية

انسجاماً مع مبدأ التشاركية في التنمية، تبرز في «تقارير التنمية البشرية» الصادره عن برنامج الأمم المتحدة الإنمائي (UNDP) أهمية وجود المنظمات المجتمعية الطوعية التي تختلف بأهدافها وأدائها عن الأطر الأهلية القرابية أو الفئوية الموروثة. هذه المنظمات التي تنتظم فيها مجموعات من الناس من ذوي

المصالح و/أو الإرادات المشتركة، فتسعى في سبيل تحقيق أهدافها من خلال المنظمات والهيئات التي تنتسب إليها. وقد لوحظ أن الثقة في دور وأداء هذه المنظمات الطوعية تتزايد كرد فعل على تراجع الثقة بدور وأداء الهيئات الحكومية التي أعاقتها تدخلات الزعماء الزبائنية المُفسدة. ولهذا تتحسس الإدارات الحكومية من العطف الدولي المتزايد على المنظمات الاهلية، وذلك لأن تلك الإداراتً تعودت أن تقرر وتدير مركزياً تدخلاتها الخدماتية أو الإنمائية في الجماعات أو في المجتمعات المحلية على خلاف ما تنهجه مبدئياً المنظمات الاهلية الطوعية. هذه المنظمات التي تفضل أن تعمل باستقلال عن الإدارات الحكومية في الأوساط المحلية وأن تمارس خياراتها المسيّسة في تدخلات تبرز فيها وحدها شعاراتها الإنسانية. يبدأ اختيار التدخل أو الخدمة أو المشروع من الناس أي من تحت باعتبار أن الناس هم الأقدر على معرفة جدوى ما يُقرر وما يُنفذ لهم. ويلاحظ في هذا السياق سعي السياسيين المتزعمين في الوزارات على الهيمنة على المنظمات الاهلية سواء عن طريق الترخيص المنفلت لمنظمات موالية لهم تحمل نفس الأهداف وتنافس بأساليب زبائنية أنشطة المنظمة المغضوب عليها في منطقة عملها بالذات، أو عن طريق الترهيب لهذه المنظمات والتشكيك بالسلامة القانونية لإجراءاتها وعلاقاتها. وهو تشكيك يقع أحياناً كثيرة في محله، أوعن طريق ترغيب إداراتها أحياناً بالدعم المباشر أو غير المباشر فيرهنونها ويضمنون موالاتها.

وتجدر الاشارة إلى انه تحت تصنيف المنظمات المجتمعية يورد«تقرير التنمية البشرية» الصادر عن برنامج الأمم المتحدة الإنمائي عام 1993 (صفحة 84) نوعين من المنظمات وهما:

1ـ المنظمات الشعبية التي تصنف بأنها تعمل للمصالح المشتركة (تحسين شروط عمل وتحصيل حقوق مدنية لأعضائها المنتسبين إليها)، ولا تعتمد على تمويل من خارجهم، كتعاونيات المزارعين والحرفيين ونقابات العمال والمحامين أو جمعيات سكان الأبنية وجمعيات الدفاع عن الحقوق لجماعات

القرار في الحكومة أو في الشركات لتحقيق مطالب أعضائها أو تعمل في مجال الدفاع عن الحقوق المدنية (Advocacy) لبعض الفئات (حقوق المرأة والشباب. . . الخ).

مؤطر 4

إحياء فكرة التعاونيات

...«يمكن تصنيع كميات كبيرة من الزبدة والجبنة انطلاقاً من خمسة ملايين ليتر من الحليب، لكن هذه هي الكمية اليومية فقط التي تتعامل بها تعاونية تسويق الحليب التي تقف وراء ماركات "أمول" (Amul) و"دارا" (Dhara) في الهند. وتبلغ قيمة هذا القطاع الذي إتخذ من غوجارات مركزاً له، خمسماية مليون دولار أميركي، وهو يضم 12 تعاونية مناطقية لتصنيع الحليب تمكن المزارعين في أكثر من عشرة الآف قرية في غوجارات من الاستفادة من خلال تصنيع الحليب الذي ينتجونه ويسوقونه على أساس المشاركة. وفي هذا السياق يعتبر الدكتور ف. كوريين، رئيس التعاونية الرئيسية، أن البنية التعاونية لهذا القطاع هي مفتاح نجاحه.

وفي الاجتماع السنوي الأخير الذي عقدته المؤسسة، قال: «إننا نفتخر لكوننا نعمل في حركة تعاونية لا تسمح بالتمييز على أساس الجنسية أو الدين أو الطبقة الاجتماعية أو المجتمع المحلي»، مضيفاً أن العمل التعاوني ساعد على إدخال " تحسين لا نظير له إلى حياة المزارعين الريفيين بالتزامن مع مساعدة السكان في المدن على النفاذ إلى الغذاء ذات الجودة والنقي.

وفي النصف الثاني من الكرة الأرضية، برزت قصة مشابهة. فقد أسس فريق صغير من مصممي الغرافيكس شركة التصميمات (Wave) على الشاطىء الجنوبي لإنكلترا. رغم أن تجربتهم المهنية تختلف عن تجربة المزارعين في غوجارات، إلّا أن رسالتهم مطابقة تماماً. فشركة "وايف" تفتخر بمؤهلاتها وبكونها تعاونية يملكها العمال، تساعد على خلق الوظائف والحفاظ على الأرباح في المجتمع المحلي. وفي هذا السياق، تتوجه الشركة إلى زبائنها بالقول: " نحن نؤّمن بالتزامنا تحقيق رفاه العاملثين في تعاونيتنا، والأشخاص الذين نتعامل معهم تجارياً، ومجتمعنا المحلي، والمجتمع عموماً».

المرجع: مجلة عالم العمل التي تصدر عن منظمة العمل الدولية، عدد 48، كانون الأول 2003.

2 ـ المنظمات غير الحكومية

2.1 المفهوم

تُعرّف المنظمات غير الحكومية أو الجمعيات الأهلية كما ترجُح تسميتها في بلادنا بكونها منظمات تطوعية تنشط من أجل قضايا ومصالح قلما تخص أعضاءها وموظفيها. وتتفرع هذه القضايا والمصالح لتشمل على سبيل المثال دعم مساجين الاستبداد السياسي، أو دعم النساء المعنفات في أسرهن، أو حماية البيئة أو تمكين الأسر المعوزة من تحسين مداخيلها عبر التدريب والإقراض الصغير، أو حماية حقوق المعوقين سواء بالدعم المادي أو بالدعم الدفاعي... الخ. ولا ننسى أن هناك منظمات تقدم نفسها على أنها غير حكومية ولكنها في الواقع تتبع للأحزاب الحاكمة أو لأفراد من العائلات والأسر الحاكمة كما يلاحظ في بعض المنظمات المصنفة غير حكومية في لبنان وسوريا والأردن وغيرها.

وإذا كانت المنظمات غير الحكومية قادرة على إطلاق المبادرات الفردية المحلية وعلى بعض التخفيف من الحرمان للقلة من الناس، هذا الحرمان الناشيء عن سياسات وآليات الاستثمار والتوزيع في البلاد، إلّا أن تلك المنظمات أو الجمعيات ليس بمقدورها أن تمنع هذه السياسات والآليات من تجديد وتوسيع التهميش للكثرة من الناس. وذلك لأن الشروط المطلوبة لتأدية دورها الضروري والكبير في مواجهة التهميش والإفقار من خلال تكاملها مع الإدارات الحكومية في سياسات قطاعية ومناطقية تنموية، لا تتوفر في ظروف السياسة والإدارة المفسدة للبلدان النامية.هذه البلدان حيث يعوق النمو الدور المدنيين للمنظمات الشعبية المعارضة كالأحزاب والنقابات والتعاونيات وجماعات الضغط (Lobbies) والروابط التي تبقى هي الأقدر على معرفة المصالح الفعلية لمنتسبيها في السياسات الحكومبة المعتمدة. وتبقى هي الأقدر كذلك على متابعة آليات تنفيذ سياسات الإستثمار وتقييم آثارها على مختلف

الأهلية أطراف مكملة للمنظمات الشعبية في عمليات التنمية ولا يصح اعتبار دور المنظمات الأولى بديلاً عن دور المنظمات الثانية.

2.2 في تطور المنظمات غير الحكومية

لقد عرفت المجتمعات العربية قبل منتصف القرن التاسع عشر وقبل ظهور النموذج الحديث للمنظمات غير الحكومية التطوعية نوعاً من التنظيمات الأهلية التي تقوم بأدوار رعائية وإغاثية في إطار أوقاف الطوائف والأولياء.وكانت عائدات الأملاك الموقوفة تُنفق على المعوزين والمعوقين والمشردين أو على التعليم في الكتاتيب أو على العناية الطبية بذوي الأمراض العصبية أو المعدية كالبرص والجرب وسواهما. ولكن دخول الإرساليات الأجنبية وتأسيسها لمؤسسات مسيحية تعليمية أو رعائية للمعوقين والعجّز دفع بعض الفعاليات الإسلامية في بعض المدن كما في بيروت وطرابلس ـ لبنان إلى تأسيس جمعيات أهلية للإهتمام بتعليم أولاد الطوائف الإسلامية وبمعوقيها وعجزتها. وكانت جمعية المقاصد الخيرية الإسلامية التي تأسست عام 1878 رائدة في هذا الإتجاه وأعقبتها دار الأيتام الإسلامية منذ حوالى ثمانين عاماً.

ويلاحظ أن أهداف ووظائف الجمعيات الأهلية أو المنظمات غير الحكومية قد تأثرت في مرحلة أولى بفعل العلاقات التي أخذت تترسخ بعد الحرب العالمية الثانية بين الدوائر أو المنظمات المانحة الوافدة من البلدان الأجنبية الغنية من جهة وبين الجمعيات المحلية التي كثيراً ما نشأت متحفزة للإفادة من المنح الخارجية المتاحة لتمويل خدماتها ذات الطابع الإغاثي أو الاجتماعي من جهة أخرى. وإذا كان تمويل المنظمات أو الجمعيات المانحة في بلادها ينطلق أحياناً كثيرة من تبرعات ذات أهداف إنسانية خالصة بنسب تراوح بين النصف والثلثين(تقرير التنمية البشرية الصادر عن UNDP عام 1993 صفحة 88) إلّا أن توجيه المنح إلى الجمعيات الفقيرة في البلدان النامية لم يخل من الأغراض السياسية التي تدخل في حسابات الدول الغربية والعربية النفطية أثناء مرحلة الحرب الباردة بينها وبين الإتحاد السوفياتي الممتدة حتى نهاية ثمانينات القرن

2.3 التوجهات الراهنة للمنظمات الاهلية

وفي مرحلة لاحقة تلت الإنهيار السوفياتي اشتدت الضغوطات على حكومات البلدان النامية للتحول عن مفهوم دولة الرعاية ولانسحابها من الأدوار الإنتاجية والرعائية المكلفة والمسببة لتزايد المديونية، على حد تقديرات خبراء صندوق النقد والبنط الدوليين فتزايدت تبعاً لذلك معدلات البطالة وتراجعت القدرات الشرائية للسلع والخدمات الصحية والتعليمية الأساسية. وتزايد بالتالي اعتماد الجمعيات الأهلية في البلدان الفقيرة على التمويل الخارجي الذي ارتفع، وفق تقديرات تقرير التنمية البشرية المذكوره أعلاه، بمعدل 7 أضعاف بين عامي 1970 و1990 (من مليار دولار أمريكي إلى 7 مليارات دولار) بعد أن توجه هذا التمويل للتخفيف من التهميش الاقتصادي الاجتماعي عبر دعم مشاريع الإغاثة والإقراض الصغير والمجهري والتدريب المهني. ولكن هذا الدعم الذي طال القلة من الناس، لم يترافق أحياناً كثيرة يسياسات تنموية تؤهل القطاعات الإنتاجية للمنافسة والتصدير وتحد من سلبيات فتح الأسواق والبطالة. وفي مواجهة هذا التدهور لوحظ تحول الدول والمنظمات المانحة إلى التركيز على مسؤولية الحكومات ومسؤولية القيم التقليدية المعوقة في تقديرها لثقافة التنمية والمرسِخة لفساد الإدارات الحكومية والأهلية على السواء. وفي هذا المناخ الجديد رجح تمويل ودعم المنظمات غير الحكومية أو الجمعيات الأهلية التي تعمل في مجال حقوق الإنسان والمرأة والبيئة ومحاربة الفساد وديموقراطية الإنتخابات. هذه الديموقراطية السياسية المجزوءة التي أتاحت في ظروف التهميش المتزايد توسع الإلتفاف حول حركات التطرف الديني والمذهبي.

مؤطر 5

حرية تكوينات الجمعيات والرقابة على نشاطها

تقيد التشريعات العربية بدرجات متفاوته حرية تكوين الجمعيات، وتُخضعها، عندما تنشأ، لأشكال مختلفة من الإشراف والرقابة. وتظهر أخطر صور تدخل الدولة في عمل الجمعيات في إمكان تعليق نشاطها أو حلها بواسطة قرار إداري، كما أن بعضها، كما

في سوريا، لا يسمح بالمراجعة القضائية لمثل هذا القرار، وتفرض القوانين عقوبات سالبة للحرية على مخالفة أحكامها، بينما يقصر بعض القوانين العقوبات على الغرامات المالية.

وقد انتُهكت حرية تكوين الجمعيات في العديد من حكومات بلدان ذات هامش ديموقراطي، مثل مصر وتونس والجزائر وموريتانيا والأردن، برفض تأسيس جمعيات أو حلها. وقد انصبت معظم هذه الإجراءات السلبية على المنظمات الأهلية العاملة في مجال حقوق الإنسان.

ولجأت سلطات دول عربية إلى محاولة إغراق منظمات المجتمع المدني الطوعية من خلال إنشاء منظممات تدعى تهكماً " منظمات غير حكومية ظاهرياً حكومية واقعياً" GNGO، تعمل تحت سقف السلطة الراهنة وبتمويل منها، وتتبنى خطابها وتعكس اهتماماتها.

كما طرأت ظاهرة جديدة منذ العام 2004 في إطار "الحرب الدولية على الإرهاب"، إذ انغمست الحكومات العربية في فرض رقابة صارمة على الجمعيات الخيرية الإسلامية أو التضييق عليها، استناداً إلى لوائح أمريكية لا يخفي انحيازها السياسي.

ولا شك في أن الجمعيات الأهلية تمثل تقدماً في أشكال التنظيم الاجتماعي يمهد لنشأة مجتمع مدني، وهو العنصر الضروري لتبلور المجال العام الذي يشكل متطلباً محورياً للحرية. ويُخشى أن تقييد العمل الأهلي سيدفع المواطنين العرب إلى الإحتماء بالولاءات التقليدية الضيقة (القبيلة والعشيرة)، مما يقوي من سطوة العصبية على الحرية.

لكن لا تزال الجمعيات تتشكل وتتابع نشاطها حتى ولو لم تحظ بالغطاء القانوني، وتجد صيغاً قانونية بديلة لحماية المنتسبين كتأسيس الشركات المدنية، وهي قانونية في أكثر الدول العربية.

وجدير بالملاحظة أنه مقابل ندرة الإنخراط النسائي في العمل الحزبي، نجد أن النساء ينخرطن بكثرة في الجمعيات المدنية والأهلية، ويتبوأن فيها مراكز قيادية في بعض البلدان العربية.

المرجع: تقرير التنمية الإنسانية العربية للعام 2004، الصادر عن برنامج الأمم المتحدة الإنمائي والصندوق العربي للإنماء الاقتصادي والاجتماعي وبرنامج الخليج العربي لدعم منظمات الأمم المتحدة الإنمائية ص ص 82 و83.

2.4 نقاط القوة المفترضة في عمل المنظمات غير الحكومية والتي يصعب تثميرها في المجتمعات العربية حيث تهيمن الولاءات العصبوية. وابرز نقاط القوة في المنطقة تكمن في أنها:

√ تشجع روح التكافل الاجتماعي من خلال تركيزها على التطوع والمشاركة والمبادرة في الأوساط الشعبية.

√ أسرع تحسساً بالضغوط المعيشية والنفسية المحيطة بذوي الأوضاع الصعبة والحاجات الخاصة.

√ أقدر على الرصد والتواصل والمتابعة مع الأشخاص غير القادرين على الإفادة من المؤسسات الحكومية.

√ أقل ميلاً إلى التوظيف الإداري البيروقراطي الذي يتسم بارتفاع الكلفة وهذر الوقت.

√ أكثر شفافية في التعامل مع المانحين والمستفيدين مما يجعلها أكثر قابلية للمساءلة والتطور.

√ متخصصة ومحترفة في أهدافها وتدخلاتها ومشاريعها.

√ منفتحة في الإنتساب إليها على جميع المعتقدات التي ترغب في تقديم الخدمات الرعائية والإغاثية.

2.5 أبرز نقاط الضعف الملاحظة في عمل المنظمات الاهلية العربية

√ ميل الهيئات الإدارية فيها إلى العمل الإنفرادي بحجة الظروف والمعايير الخاصة المعتمدة لدى كل منها.

√ ميل الهيئات الإدارية فيها إلى ممارسة مبطنة لتوجهات سياسية وحزبية أحياناُ، وكثيراً ما تصب في دعم وتحديد نفوذ الرئيس الذي يحرص على أن يبقى مديراً تنفيذيا، مما يؤدي عملياً إلى تعويق تداول القيادة.

√ اضطرار الكثير من الجمعيات إلى توظيف خبرات فنية أو إدارية أو مالية لتسيير أعمالها المتوسطة بحجة أن التطوع لا يوفر الجهوزية المطلوبة لمثل هذه الخبرات العالية.

الخارجي وقبول تفضيلاته المتحولة سياسياً بدل أن تبذل الجهد المطلوب لتوفير التمويل الأساسي عن طريق تحريك روح التكافل الأخلاقي والديني المألوف في تقاليد مجتمعاتنا.

جدول رقم 2 ـ توزيع جمعيات الحماية الاجتماعية والرعاية في لبنان حسب الغاية الأولى من تأسيسها

النسبة من المجموع العام	العـدد	الغايات
7 . 23	965	مساعدة فقراء ومحتاجين وأيتام صحياً ومادياً/ خدمات اجتماعية
1 . 2	49	دور أيتام
0 . 6	26	إيواء عجزة
0 . 2	8	دفن موتى
1 . 8	74	رعاية المعوقين
0 . 2	9	رعاية المنحرفين
3 . 7	149	فتح مراكز صحية ومستوصفات/ رعاية صحية
0 . 3	13	مستشفيات
0 . 0	2	توزيع دواء
2 . 6	107	توعية صحية / واجتماعية
1 . 9	77	تقديم مساعدات تربوية
3 . 00	121	فتح أو دعم مدارس
0 . 6	12	تعليم الكبار / محمو أمية
0 . 2	23	تقديم منح للطلاب
1 . 8	3	تأمين كتب وقرطاسية
1 . 9	9	فتح حضانة
1 . 2	48	الرعاية الاجتماعية للأولاد
44 . 9	1695	المجموع

المصدر: «الوضع الاجتماعي الاقتصادي في لبنان: واقع وآفاق» اصدار وزارة الشؤون الاجتماعية في لبنان بالتعاون مع برنامج الأمم المتحدة الإنمائي. بيروت 2004، صفحة 280.

المراجع:

1 ـ .1. M. Croisier «Le phénomène bureautique»

2 ـ تقرير التنمية البشرية ـ مصر، 1995.

3 ـ تقرير التنمية البشرية ـ الصادر عن برنامج الأمم المتحدة الإنمائي ـ عام 1993.

4 ـ واقع البلديات في لبنان، منشورات المركز اللبناني للدرسات ـ بيروت 1998.

5 ـ مجلة «عالم العمل» التي تصدر عن منظمة العمل الدولية، عدد 48، كانون الأول 2003.

6 ـ تقرير التنمية الإنسانية العربية للعام 2004، الصادر عن برنامج الأمم المتحدة الإنمائي والصندوق العربي للإنماء الاقتصادي والاجتماعي وبرنامج الخليج العربي لدعم منظمات الأمم المتحدة الإنمائية ـ بيروت 2004.

7 ـ «الوضع الاجتماعي-الاقتصادي في لبنان ـ واقع وآفاق» إصدار وزارة الشؤون الاجتماعية بالتعاون مع برنامج الأمم المتحدة الإنمائي، بيروت، 2004.

موضوعات وقضايا خلافية في تنمية الموارد العربية

الفصل الرابع

العوامل غير الاقتصادية التي تحكم
التنمية الوطنية والمحلية

المقدمة

يبرز لنا في تاريخ غالبية الدول الصناعية المعاصرة أن إنطلاق النمو الاقتصادي فيها لم يحصل في ظل حكومات ديموقراطية لا بل أنه تحقق في عهود وحكومات وإدارات مركزية صارمة كحكومات الرأسماليات القومية في أوروبا الغربية واليابان خلال القرن التاسع عشر والحكومات التي فرضتها ثورات كما في روسيا أو إنقلابات عسكرية كما في كوريا الجنوبية وتايلاند والتشيلي والبرازيل ومصر الناصرية، على سبيل المثال لا الحصر خلال النصف الثاني من القرن العشرين. وإذا كانت الظروف الداخلية والدولية قد إتاحت للبعض منها أن تنتقل من مرحلة تحصين نمو الاقتصاد الوطني إلى مرحلة توزيع فرص التنمية على اوسع فئات ومناطق البلاد كما في كوريا وتايلاند، إلّا أن تعويق انطلاقة النمو الاقتصادي في مصر والعراق وغيرها من البلدان العربية النفطية وغير النفطية يعود في تقديرنا إلى إغفال الشروط أو العوامل غير الاقتصادية التي توفر للنمو الاقتصادي شروط استدامته وتدرجه. إنها العوامل المتمثلة اساساً بالديموقراطية السياسية وبتشجيع القيم والمؤسسات المرسخة لثقافة العقلانية

الإندماج المدنية الطوعية على مؤسسات الإندماج الأهلية العصبوية الموروثة. وهنا لا بد من الإشارة إلى أن أشكال هذا الإنتقال من النمو إلى التنمية تختلف باختلاف الخصائص الثقافية والدينية (ثقافة التخيير التي تحمّل الإنسان مسؤولية حياته وثقافة التسيير التي تقول بالقدر وتدفع إلى الاذعان) كما وأن أشكال الإنتقال من النمو إلى التنمية تختلف باختلاف مستويات الإنفتاح والتقدم في مجالات العلوم والتكنولوجيا. وتختلف باختلاف التشريعات الاجتماعية والسياسية الناظمة للعلاقة بين الأفراد والجماعات وبين الأكثريات والأقليات وبين الرجال والنساء، وباختلاف مستويات الصدقية في تطبيق تلك التشريعات.

أولاً: العلاقات بين السلطة والثقافة والنمو الاقتصادي

بالإضافة إلى العوامل الاقتصادية المؤثرة في تنمية المجتمعات والتي عرضنا لها في فصول سابقة، سنتوقف في هذا الفصل أمام العوامل الاجتماعية ـ الثقافية التي تدفع إلى النمو والتنمية أو إلى تعويقهما:

- فالنمو الاقتصادي الذي نتج عن الثورة الصناعية في أوروبا الغربية خلال القرن التاسع عشر لا ننسى أنه وبالرغم من تزامنه مع توسع نزعات الفكر العقلاني والإصلاحي والثوري، إلا أنه كان قد تحقق في ظل قيم وأطر اجتماعية وسلطوية تقليدية تتقبل وتتحمل علاقات الإستغلال المفرط لجماهير العاملين من الرجال والنساء والأطفال المقيمين في أحياء الصفيح حول التجمعات الصناعية. ولا ننسى بأن مثل هذا الإستغلال المفرط هو الذي خلق المناخ الملائم لتبلور الفكر الإصلاحي السياسي والحقوق المدنية والتأطير النقابي والحزبي في أوروبا الغربية.

- وفي منطقة آسيا تحقق النمو الاقتصادي منذ نهاية القرن التاسع عشر في اليابان وفي جنوب آسيا منذ سبعينات القرن العشرين بدفع من السلطات المركزية. هذه السلطات التي استثمرت هي أيضاً التراث القيمي والأطر الاجتماعية التقليدية في النمو الاقتصادي أولاً، وفي التنمية البشرية المتكاملة

اليابانية في عملية النمو التي قادها الإمبراطور ميتسوهيتو أحد أبرز أباطرة عائلة ميجي (Meiji)، وبين التجربة المصرية في عملية النمو التي قادها في نفس الفترة من القرن التاسع عشر محمد علي باشا. فالتجربتان تتشابهان في استثمار القيم والتقاليد والأطر الاجتماعية ـ الثقافية، من أجل وضع أسس النمو الاقتصادي، وتختلفان بالنسبة للظروف الخارجية. فالتجربة المصرية الواقعة على مقربة من القارات الثلاث، ووجهت بالاستعمار والاستتباع الاقتصادي بخلاف التجربة اليابانية الواقعة في أقصى الشمال الشرقي من قارة آسيا التي لم تجذب الاستعمار إليها في حينه سواء لبعدها أو لندرة في مزاياها الزراعية ومواردها الطبيعية.

- وفي الولايات المتحدة الأمريكية يختلف المؤرخون في تفسير الأسباب غير الاقتصادية لإنطلاق النمو فيها: فالمتأثرون بنظرية ماكس ڤيبر حول أولوية القيم العقلانية للبروتستانتية في انطلاق الرأسمالية يفسرون ذلك بأن البروتستانت المهاجرين إليها من أوروبا تحت ضغط السلطات الكاثوليكية ركزوا على قواعد الفضيلة في أخلاق الكنيسة البروتستانتية (Ethique Protestante) وعلى القيام بالواجبات بالشكل الصارم أيضاً كثقافة ملائمة للنمو الرأسمالي. أما المتأثرون بنظرية كارل ماركس الذين يركزون على أولوية الأوضاع الاقتصادية والسياسية التاريخية في تحريك النمو أو في تعويقه في الولايات المتحدة كما في سواها، فيعتبرون أن هذه الأوضاع هي التي تحرك الأوضاع الأخلاقية ـ الثقافية وليس العكس، وأن أوضاعاً أخلاقية ـ ثقافية متشابهة في مجتمعين مختلفين، لا تقود بالضرورة إلى أوضاع اقتصادية ـ سياسية متشابهة. وان هيمنة سمات قيم وثقافة معينة على أطوار في حياة مجتمع معين لا تستمر إلا بفعل استمرار الأوضاع السياسية- الاقتصادية الملائمة لاستمرارها. وهذا ما يتعارض مع العرض حول أبدية السمات الثقافة الأخلاقية في النص المؤطر التالي حول «الميراث الثقافي في مصر وسلم القيم».

مؤطر 1

الميراث الثقافي وسلم القيم

في الثقافة السياسية التقليدية، المصرية يُنظر دائماً إلى الدولة المركزية القوية والمتدخلة على أنها عامل رئيسي في رعاية الصالح العام. وهذه النظرة لها جذور عميقة تمتد إلى العصور الفرعونية. وقد إنعكس ذلك على الجذور الثقافية لنظرة المجتمع المصري إلى الديموقراطية، على الرغم مما اكتسبه مفهوم الديموقراطية من أرضية في مصر ـ شأنها في ذلك شأن غالبية الدول النامية ـ خلال العقود الحديثة من الزمن. وتعتبر التقاليد العائلية، وبعض سمات العملية التعليمية، وكثير من القيم السائدة، مسئولة أيضاً عن ضعف جذور الديموقراطية في المجتمع المصري.

كذلك فإن أنماط السلطة الأبوية النابعة من التقاليد العائلية، التي تعتبر الطاعة بدون مناقشة أحد أركانها، تؤثر بعمق في الحياة السياسية في مصر، فضلاً عن أن العملية التعليمية لا زالت تعتمد بشدة على التلقين من إعلى لأسفل مع غياب التحليل النقدي من أسفل لأعلى عن معظم مراحل التعليم سواء في المدارس أو في التعليم العالي. وتُعتبر التفسيرات المختلفة للقيم الأخلاقية الدينية، بالإضافة إلى التعصب المرتبط ببعض الإيديولوجيات مسئولة أيضاً عن مظهرين متناقضين للحياة السياسة في مصر: الطاعة التامة، والمعارضة المتطرفة. وتفسر كل هذه العوامل عدم سيادة الحياة الديموقراطية الصحية، التي تعكس مشاركة الناس، على نمط الممارسة الطبيعية في مصر.

المرجع: تقرير التنمية البشرية ـ مصر 1995 ص 52.

ثانياً العلاقة بين النمو والتنمية وبين أطر الإندماج الاجتماعي

يمكن تصنيف أطر الإندماج في بلادنا وفق نوعين من الإنتماء:

1. الإندماج القائم على معيار الإنتماء الموروث، وتغلب عليه في لبنان مثلا تسمية الأهلي، ويتجسد في إطار العائلة أو العشيرة أو الطائفة، مقترناً بمعيار الانتماء الموروث أيضاً الى منطقة المولد أو المنشأ. والانتماء الموروث كما

هو معروف، يصعب على الجماعة المحلية قبول تنكّر الأفراد له أو الارتداد عنه.

2. الإندماج القائم على معيار الإنتماء الطوعي دفاعاً عن مصالح الأفراد المادية كما المعنوية. تغلب عليه تسمية المدني في إطار النقابة أو التعاونية أو الحزب السياسي أو النادي أو المنظمات غير الحكومية.

ولكن هذا التفريق المبدئي بين الإنتماء الموروث الأهلي التقليدي من جهة، والانتماء الطوعي المدني الحديث في بلادنا من جهة أخرى، لا يمنع في الواقع أن تتشكل جمعيات طائفية، ولكنها تستخدم أساليب الإدارة الحديثة وأهدافها الخدماتية من أجل شد العصبية الطائفية لاستثمارها سلطوياً. كما لا يمنع هذا التفريق في الواقع من تشكيل تعاونية أو نادْ أو نقابة أو حتى حزب سياسي يتجاوز النافذون فيه أو فيها المعايير المؤسسية المدنية المنصوص عنها في الأنظمة الداخلية، ليمارسوا داخلها عقلية المشيخة أو الإدارة واحتكار القرار والسلطة على حساب الموالين لهم ممن صدقوا ما وعدوا به عند التأسيس وفتح باب الإنتسابات.

وهنا لا بد من التذكير بأن حاجة الإنسان، أي إنسان، الدائمة إلى الإندماج المجتمعي كانت تُلبى عبر التاريخ وحتى مطلع عصر النهضة البرجوازية الرأسمالية الحديثة في أوروبا، أي قبل القرون الثلاثة الماضية، في الأطر الأهلية الموروثة القائمة على فكرة كيانية الجماعة وذاكرتها العصبوية. ومع بروز وتبلور القيم والمبادئْ في تلك النهضة برزت الفكرة المحورية ألا وهي فكرة كيانية الفرد المستقل كلياً عن نسبه ومنشئه وفكرة الإنسان المواطن المسؤول بمفرده عن نفسه وعن واجباته وحقوقه أمام القانون والمجتمع.

وإذا كان هذا الإنتقال من فكرة كيانية الجماعة العصبوية إلى فكرة الفرد المستقل المسؤول قد حصل في بلدان أوروبا الغربية والولايات المتحدة متزامناً مع الانتقال من الاقتصاد السلعي البسيط والحرفي المحدود بالسوق المحلي إلى

الانتقال بقي بطيئاً ملتبساً وتصارعياً في الإعمال الإستثمارية العربية التي يغلب عليها طابع التجارة والمضاربة: فيلاحظ ميل أصحاب الأعمال الرأسمالية المتطورة والمصارف أحياناً كثيرة إلى الإطمئنان لوضع أقاربهم في مواقع الإدارة، أو لاستثمار العصبية الأهلية التقليدية في حماية المنشأة من التحريض المطلبي الذي يفكر الناشطون النقابيون بتعميمه على المأجورين فيها.

أما على مستوى العائلات الفقيرة، فيلاحظ أن أشكال الولاء للعصبية أصبحت أقل ضبطاً وتحكماً في المدن خاصة بفعل الحضور المتزايد للمرأة في المجتمع والعمل، وهي التي كانت أكثر تضرراً من العصبية المحافظة في الأرياف. وقد تزايد حضور المرأة بفعل توسع تعليم البنات أحياناً وبفعل قبولهن الخروج إلى العمل ولو بأجر منخفض نسبياً في ظروف التراجع الاقتصادي والإفقار.

ويُلاحظ في الصين أيضاً أن الانتقال من كيانية الجماعة العصبوية إلى كيانية الفرد المستقل، يتسارع لدى نخب الأعمال الاستثمارية في التصنيع الثقيل والدقيق والتصدير، وذلك في موازاة انتقال ثانٍ من قيم التعفف في العيش واحترام العائلة وأولوية الشأن العام على المصلحة الفردية واحترام السلطة وثقافة العمل التي تُعرف بالقيم الكونفوشيوسيه التقليدية، إلى قيم التجارة وتحصيل المال، وإلى قبول التحول الجذري على الصعيد الاجتماعي. وهي قيم ارتبطت وترتبط دائماً بعالمية الأخلاق الرأسمالية حيثما سادت في مجتمعات العالم. ويتباطأ هذا الانتقال لدى نخب الأعمال المتوسطة والصغيرة، فيلاحظ أن العائلة تبقى هي المؤسسة الأساسية في نظر هذه النخب التي تحصر الثقة بالأقارب وحسب.

المؤطر 2

في الانتقال من كيانية الجماعة إلى كيانية الفرد المستقل

لقد شهدت المجتمعات الغربية منذ القرن السادس عشر تحولاً يتمثل بترجيح هواجس بناء المستقبل على هواجس تجديد الماضي. ولوحظ «حصول تطور مزدوج: ففي الاقتصاد برز الشخص البرجوازي، رئيس المنشأة الاقتصادية، متحرراً من قيود العالم التقليدي، باحثاً عن الثروة ومؤثراً في عالم الاقتصاد. فبرزت معه ظواهر الترويج الحر للسلع والنقود والطموح إلى حركية اقتصادية واجتماعية يسعى إليها. وتحول شعار الحرية المطلقة " دعه يمر " إلى القول بالفردية المنضبطة. وبرزت في الوقت نفسه في المجال الثقافي ظاهرة الفنان المستقل المتحرر من رعاية الكنيسة والأمير والذي أصبح يكتب ويرسم ما يحلو له دونما اهتمام بمعايير الجمال في نظر الآخرين. وهكذا استطاع وبفضل السوق أن يكسب الحرية».

المرجع: نص مأخوذ بتصرف من كتاب:

«Daniel Bell, Les contradictions culturelles du capitalisme» éd. PUF, Paris 1979, page 26.

ثالثاً: العلاقة بين الثقافة والنمو والتنمية

1. في مجال الثقافة الدينية: تتوزع تأثيرات الثقافة الدينية على النمو الاقتصادي والتنمية البشرية بين:

- **تأثيرات مباشرة** تنص عليها الشرائع كتحريم الإسلام للربا الذي يلتزم به المسلمون الملتزمون فيتجنبون التعامل مع المصارف حتى لا ينتفعون بالفائدة عن أموالهم المودعة في صناديقها، ومنهم من يلتزم بإجتهادات وفتاوى المراجع الدينية التي حللت الإفادة عن أرباح الأموال التي تُدار من قبل شركات الاستثمار أو المصارف تحت عنوان المرابحة.
- **وتأثيرات غير مباشرة** تعتمدها وتفرضها النخب المحافظة وتسندها بأحاديث

العامة من الناس بمضامينها الملائمة لتصبُّرهم وإذعانهم للتهميش المفروض عليهم بشكل عام وعلى المرأة بشكل خاص. المرأة المذعنة التي تضيق الفرص على تخالطها وحضورها في العمل كما في حرية التنقل. وهناك التأثيرات غير المباشرة التي تُمارسها وتروجها مراجع ثقافية محافظة فتعوّق التنمية والتقدم من خلال ترويج مفاهيم الجبرية التي طُرحت منذ العصور الإسلامية الأولى، والتي تقول بأن الإنسان مسيّر وليس مخيّر. ومفاد هذه المفاهيم أن المظالم مقدرة من الله على الناس وأن عليهم الإذعان لمشيئته. غير أن هناك تأثيرات معاكسة غير مباشرة يمارسها ويروجها أهل الإجتهاد والعقل في توسيع سبل التحرر أمام المؤمنين، عن طريق اعتبارهم مخيرين مسؤولين عن أفعالهم عملاً بآيات من القرآن الكريم، ومنها الآية رقم 20 من سورة المزمّل: ﴿وَمَا تُقَدِّمُوا۟ لِأَنفُسِكُم مِّنْ خَيْرٍ تَجِدُوهُ عِندَ ٱللَّهِ هُوَ خَيْرًا وَأَعْظَمَ أَجْرًا ۚ وَٱسْتَغْفِرُوا۟ ٱللَّهَ ۖ إِنَّ ٱللَّهَ غَفُورٌ رَّحِيمٌۢ ﴿٢٠﴾﴾.

2.3. **في مجال الثقافة الشعبية**: يظهر في الأمثال الشعبية الكثير من الأمثال الشائعة التي تحث على بذل الجهود في سبيل تحسين الأوضاع الشخصية والجماعية، وهي تنتمي إلى نزعة التخيير العقلانية المشار إليها أعلاه (إسع يا عبدي لأسعى معك) وذلك إلى جانب أمثال أخرى تدعو إلى التزهد والإذعان تحت عنوان «القناعة كنز لا يفنى». كما وتظهر في الحكاية والملاحم الشعبية إيحاءات كثيرة ومباشرة إلى ضرورة التوحد في مواجهة الظلم وتظهر كذلك في أنواع الحداء والأهازيج الشعبية التي تحيي العونة والتعاون بين الناس في مواسم أعمالهم الزراعية وتحيي سعيهم المبكر إليها.

رابعاً: الديموقراطية والحرية وانعكاساتهما على النمو والتنمية

يمكننا أن نعرّف الديموقراطية بأنها منظومة تشريعات ومؤسسات مقوننة تُدير التنافس السلمي، ، بين الحركات الاجتماعية والسياسية المختلفة العاملة من أجل تحقيق أهدافها في الشؤون العامة. كما أن شرط استفادة الجماعات من احترام حقوقها في الإختلاف والتنافس هو عدم إعتمادها العنف مع الأطراف المختلفة عنها والمنافسة لها، سيما عندما تكون فئات أكثرية.

ومن شروط ممارسة الديموقراطية التنافس وتوفير تشريعات ومؤسسات تضمن حريات التعبير السلمي عن الإختلاف، والتنظيم السياسي أو المدني لمراقبة إداء السلطات الحكومية، بالإضافة إلى ضمان الشفافية عن طريق توفير المعلومات لتمكين المواطنين من وعي إختلاف الطروحات المتنافسة وحرية الإختيار بينها، وإلى ضمان وجود القضاء النزيه والمستقل لردع المعتدين على ديموقراطية التنافس. وإذا كانت الديموقراطية هي منظومة التشريعات والمؤسسات التي تُعتبر وسائل موصله ومرسخة للحرية كغاية ينشدها أو يميل إليها الأفراد والجماعات والتنظيمات السياسية والمدنية، إلّا أن مفهوم الحرية كغاية يظل على تنازع دائم مع مفهوم الديموقراطية كوسائل في كل المجتمعات. وتختلف حرارة هذا التنازع كلما كانت هذه المجتمعات حديثة العهد بالديموقراطية، أو كلما كانت شديدة التنوع الثقافي الديني ـ السياسي كما هو الحال في لبنان على سبيل المثال لا الحصر. ودليلنا على ذلك أن الديموقراطية يمكن أن تُمارس شكلياً من خلال قانون غير ديموقراطي يؤدي إلى انتخاب سلطة تنتهك حقوق التمثيل للأقليات السياسية أو الثقافية. قانون يدفع هذه الأقليات إلى التغيب عن ممارسة أهم حقوقها مما يتيح للأكثرية الفوز بأكثرية المقترعين الذين قد لا تصل نسبتهم إلى ربع أو إلى ثلث الناخبين المسجلين على لوائح القيد أو الشطب.

وبهذا تتراجع نسبة تمثيل الفائزين إلى ما بين 15 و20% من المسجلين أحياناً

كما ويمكن أن تُمارس الديموقراطية بصورة شكلية عندما تتوفر لمرشحي السلطة سنوات طويلة في ممارسة التنفيع الخدماتي لزبائنها ومفاتيحها المكلفين بضمان تجيير أصوات الفقراء لها في عصبياتهم العائلية والطائفية. نعني بهؤلاء الفقراء الذين لم يحصل تمكينهم التعليمي والتشغيلي والثقافي ليتمكنوا من التحول من معوزين يطلبون الخدمات الإغاثية، إلى مواطنين مكتفين يعرفون حقوقهم ومصالحهم، ويعون إختلاف طروحات المرشحين حول هذه الحقوق وهذه المصالح .

ونعني بالفقراء اولئك الذين تُعبئهم فضائيات الإعلام الموجه والعصبوي، ويُؤتى بهم "مكرمين" في أساطيل وسائل النقل التي يوفرها المرشحون ليقترعوا بحرية مظهرية ووفق إجراءات "ديموقراطية" لم تصل بهم يوماً إلّا إلى مزيد من العوز والخضوع لوجهاء عصبياتهم المحلية المدعومين في الإدارة كما في القضاء أحياناً كثيرة. ان «قدرة الناس على انتخاب ممثليهم شيء. وقدرتهم على معرفة السياسات التي يتبعها ممثلوهم بعد انتخابهم، والتأثير من تلك السياسات، شيء آخر» (عن تقرير التنمية البشرية 1993، صفحة 66).

وفي هذا العرض يتضح لنا أن الحرية لا تتحقق إلّا بتنمية قدرات الإنسان لتمكينه من تجاوز العوز ومن ممارسة الإجراءات الديموقراطية الفعلية للإنتخاب والمتابعة للشؤون العامة ومحاسبة المنتخبين. ولا تتحقق الحرية عن طريق الديموقراطية الشكلية المختزلة إلى الإقتراع المعلّب يوم التصويت وحسب. إن تنمية قدرات الإنسان لا تُحقق حريته إلّا إذا شارك هو شخصياً بالمواجهة والنضال في الحصول على حقوقه البشرية. وبهذا يكون قد تحرر وتصبح التنمية هي تحرر الإنسان الذي لا يستديم إلّا بممارسة ديموقراطية الإنتخاب الفعلية وليس " ديموقراطية " الإقتراع الشكلية.

مؤطر 3

وظائف الثقافة

تقوم الثقافة بوظيفتين أساسيتين وهما:

● وظيفة أولى تؤدي على صعيد المجتمع الكبير إلى التوازن الاجتماعي وتسمح بملاءمة الأفعال مع أحكام الأوضاع، وبالحد من التوترات المرتقبة. فتسمح بالتالي بدمج الأفراد والجماعات في حياة المجتمع العامة.

● ووظيفة ثانية في الوسط الاجتماعي الضيق تؤدي إلى توازن شخصية الفرد من خلال ترشيد طموحاته والتقليل من خيباته.

وبهذا تُصبح المقومات الأساسية للثقافة في مجتمع ما هي التي تحدد لكل إنسان ومنذ البداية الأنظمة التي يتعامل معها يومياً وفيها يجد نفسه من جديد.

المرجع: Michel Foucault "Les mots et les choses", 1966)

خامساً: العلاقة بين الإدارة السياسية والنمو والتنمية

تقوم وظيفة الدولة الأساسية على إدارة استثمار الموارد وعلى الإجراءات الملائمة لضبط ومعالجة النزاعات الناجمة سواء عن توزيع الثروة أوعن توزيع السلطة بين الفئات المكونة للمجتمع أو الناجمة عن الإختلافات الإيديولوجية أو الإتنية. ويُلاحظ أن مثل هذه النزاعات هي أكثر اشتداداً في البلدان الفقيرة ولا سيما منها الصغيرة، كلبنان مثلاً، حيث يسهل على الأطراف الخارجية استثمار الإختلافات واستمالة وتحريض الجماعات الفقيرة على تأجيج النزاعات. ولهذا فإن «دور الدولة الديموقراطية يجب أن يقوم أولاً، وقبل كل شيء، على حماية التوازن الاجتماعي من ضعفه ونقائصه».

وتجدر الإشارة إلى أن وظيفة الدولة في المنظور الليبرالي الكلاسيكي هو أقرب إلى دور الحكم الذي يرعى توازن المصالح والقوى بين الجماعات والطبقات المكونة للمجتمع. وبهذا تعتبر الدولة نفسها قد وفرت الفرص الملائمة

التعاقدية بين الناس في مبادلاتهم الخدماتية والسلعية، ويصبح دور الدولة أكثر أهمية في الرعاية التشريعية والقضائية والأمنية لتلك العلاقات. أما دورها في المنظور الماركسي فتحدده العلاقات بين الفئات الاجتماعية المهيمنة على نظام الإنتاج الاقتصادي. ولذلك فالدولة في هذا المنظور ليست محايدة بين الفئات، ولا تمثل المصلحة العامة المشتركة لجميع الطبقات، لا بل هي تحمي مصالح الطبقة الحاكمة.

ونذّكر هنا بما سبق وعرضنا له، في فصل سابق بعنوان (الأطراف المعنية بإدارة التنمية وأساليبها)، حول التحولات المشهودة في دور الدولة في البلدان الصناعية الغنية أو في البلدان الفقيرة، هذه التحولات النيوليبرالية التي طالت توجهات دولة الرعاية وفرضت عليها أن تتخلى عن دورها لصالح السوق المحرر من أي تدخل لها، وهو السوق المفتوح على كل أسواق العالم. وعرضنا أيضاً للإنعكاسات السلبية لهذه التحولات على تراجع القدرات البشرية والاقتصادية واالتجهيزية في القطاعات الإنتاجية، لا سيما في البلدان الفقيرة، وهي قدرات لم ترع الدولة حمايتها بالشكل المنظم، ولا وفرت الدعم لإمكانياتها التنافسية في أسواق العالم المفتوحة.

ويعود مثل هذا القصور في رعاية القدرات الإنتاجية والتنافسية، في لبنان مثلاً، إلى طبيعة التشكيلة الاقتصادية والسياسية الحاكمة التي ترعى دور الوساطة الاقتصادية في المشرق العربي، والتي أثرت وتؤثر دائماً في توجه الاستثمارات في الإنتاج السلعي والخدماتي في لبنان. وفي مثل هذه الرعاية لدور الوساطة، تكون الإدارة السياسية للاقتصاد اللبناني قد جعلته مفتوحاً على الإنعكاسات الإيجابية والسلبية للظروف الإقليمية، وجعلته غير معني ببرمجة التخطيط التنموي المستديم. وفي مثل هذا الدور السلبي للدولة، يتعطل الدور الاقتصادي للإدارة العامةالتي تجد نفسها معفّية من تحديات الاجتهاد التنموي والتقييم لأدائها فتسود فيها العلاقات الزبائنية والإفساد التي يستثمرها الفريق السياسي الحاكم لترسيخ

مما يرفع من أكلافها على الموازنة فينعكس ذلك بالضرورة مزيداً من الضرائب والرسوم، وبالتالي مزيداً من أكلاف قوة العمل وتراجعاً في القدرة على المنافسة.

المراجع:

1 ـ «تقرير التنمية البشرية ـ مصر» 1995.

2 ـ Daniel Bell, «Les contradictions culturelles du capitalisme» éd. PUF, Paris 1979.

3 ـ سورة المزمّل من القرآن الكريم، الآية رقم 20.

4 ـ «تقرير التنمية البشرية لعام 1993» الصادر عن منظمة الـ UNDP.

5 ـ «تقرير التنمية الإنسانية العربية 2004» الصادر عن برنامج الأمم المتحدة الإنمائي والصندوق العربي للإنماء الاقتصادي الاجتماعي وبرنامج الخليج العربي لدعم منظمات الأمم المتحدة الإنمائية.

6 ـ Michel Foucault «Les mots et les choses» Paris 1966.

موضوعات وقضايا خلافية في تنمية الموارد العربية

الفصل الخامس

العـولـة والتنميـة

المقدمة

إذا كانت ظاهرة العولمة تتمثل في إندماج الأسواق الوطنية في سوق عالمي واحد، وإذا كان تبلور هذه الظاهرة قد برز في العقدين الأخيرين من القرن العشرين، إلّا أن التاريخ الاقتصادي يذكرنا بأن إنفتاج أسواق البلدان على بعضها البعض كان قد بدأ منذ أن تمكن الإنسان من تطوير وسائل النقل واكتشافه لفوائد التعامل التجاري مع أسواق مختلفة عن سوق بلده. ولا مبالغة في القول بأن إكتشاف المحرك البخاري أدى إلى قفزه في مجال النقل فتطورت الملاحة البحرية من المركب الشراعي إلى الباخرة وأعقبها وكمّلها تطور النقل البري في القطار البخاري على سكة الحديد. وهذا ما شكل العامل الحاسم في تمكين الدول المستعمرة من إدارة اقتصاديات المستعمرات وإدارة مجمعاتها.

ومع اكتشاف الطاقة الكهربائية وما تفرع عنها من الطاقة الإلكترو مغناطيسية والالكترونية، وما أدت إليه من التكنولوجيا الرقمية في المعلوماتية والإتصالات، وجدت هذه التكنولوجيا فرصاً واسعة لتمويل أبحاثها وتصنيعها من قبل وزارات الدفاع في الدول الصناعية ومنها خاصة الولايات المتحدة الأمريكية خلال السبعينات ضمن استراتيجية أمنها العسكري خلال الحرب الباردة مع الإتحاد السوفياتي السابق. وانتقلت تكنولوجيا المعلومات والإتصالات إلى الاقتصاد

والثقافية، بفضل تحديث وتصميم شبكات الإتصالات التي تربط بين البنوك والبورصات والشركات، أو بين منتجي الأفكار وبين الذين يتلقونها على شاشات التلفزيون أو الكمبيوتر والهاتف الخليوي.

أولاً: تعريف العولمة ومكوناتها وتشكلاتها

يمكن تعريف العولمة بأنها عملية إندماج بين أسواق البلدان تبدأ على مستوى حركة رؤوس الأموال وتتكامل على مستويات حركة المبادلات التجارية وحركة الاستثمارات. وتقوم العولمة على سرعة تحريك المعلومات وعلى تحريك الرساميل والمبادلات برعاية شركات متعددة الجنسية تتنافس في أسواق مفتوحة مع افتراض أن هذه الأسواق تتوازن تلقائياً وباستقلال عن السلطات الحكومية.

وقد بدأت عملية اندماج الأسواق أو عولمتها تتجسد منذ مطلع ثمانينات القرن العشرين:

1. في ميول الشركات الكبيرة في المجتمعات الصناعية إلى تكثيف استثماراتها في البلدان المتدنية أو المتوسطة النمو، لاستثمار رخص العمالة فيها شجعها على ذلك إزالة الحواجز التي تعتمدها حكومات هذه البلدان لمراقبة دخول وخروج الأموال.

2. في سرعة التأثر بين أسعار الأسهم والسندات في البورصات من جهة، وأسعار صرف العملات من جهة أخرى، وخاصة في البلدان الصناعية الناشئة، كتركيا والبرازيل وفي جنوب آسيا. ونذكّر هنا بالأزمة المالية والاقتصادية التي هزت العملة الأندونيسية وعملات آسيوية أخرى عندما أقدم كبار الحائزين الأجانب لأسهم الشركات الأندونيسية على عرض أسهمهم في السوق المالية الأندونيسية دفعة واحدة. وهذا ما ترك ذعراً لدى جمهور المساهمين وأدى إلى خفض كبير في قيمتها، وصعّب على الشركات الأندونيسية والدولة توفير النقد الأجنبي لشراء هذه الأسهم وحماية قيمتها.

ثم عاد كبار المضاربين لشراء الأسهم بأسعار متدنية أي الأسهم ذاتها التي سبق وعرضوها للبيع في السوق دفعة واحدة.

3. وفي الميول المتشابهة في مدن العالم لاعتماد أنظمة متشابهة في برامج إعداد الكوادر العليا في مجالات الأعمال والتكنولوجيا والإدارة العامة، وفي الإعلام والمسلسلات والعمران للمدن الجديدة ولفنادقها ومطاراتها. وفي أنماط استهلاك الملبس (الجينز) والمأكل (الوجبات السريعة)، هذه المعايير التي رجحت شيوعها معايير البساطة والسرعة والرخص النسبي.

| مؤطر 1 |

التغيرات الاقتصادية والثقافية في أوروبا

لقد شكل تقارب الأوضاع المادية للعيش بين البلدان الأعضاء واحداً من الأهداف الرئيسية للأهداف الرئيسية للإتحاد الأوروبي غير أن هذا التقارب وصل أحياناً إلى حد دفع المراقبين إلى التساؤل حول ما إذا كان مثل هذا التقارب يقود إلى نمط موحد (Uniformisation) من العيش يطال بشكل متوسع مجمل البلدان المتطورة؟ وبهذا تكون سياسات تشجيع التقارب في الإتحاد قد أدت إلى تهديد لتنوع الثقافات اليومية. صحيح أن الظواهر المادية الملموسة للحياة اليومية أصبحت متشابهة على أكثر من صعيد وهذا شيء مهم. ولكن تنميط الاقتصاد لا يعني بالضرورة التجانس الثقافي.

وأن تفحصاً نوعياً للأوضاع مع بلدان الإتحاد يبين بسرعة أن كل منطقة مدروسة تحافظ على نوع من الحياة خاص بها. وأن ثقافتها (بمعنى القيم والتصورات والممارسة اليومية) تبقى متجذرة في تاريخها، وأن شخصية الجماعة تعبر عن نفسها بالطريقة التي يتيحها نظام الثقافة المهيمن محلياً.

نص مأخوذ بتصرف من:

Victor Scardigli La dynamique de la diversité culturelle en Europe, Futuribles,

décembre,1993.

ثانياً: العولمة وعلاقتها بالنمو الاقتصادي والأسواق

صحيح أن العولمة الاقتصادية تقوم على مبدأ تحرير الأسواق والمبادلات التجارية من أي حوافز أو تدخلات من قبل الدولة، ولكن هذا التحرير المقصود يهدف منذ مطلع ثمانينات القرن العشرين إلى إطلاق حرية المنافسة في الأسواق، ولا يشبه أبداً التحرير الذي نادى به آدم سميث وديڤيد ريكاردو خلال القرن الثامن عشر ومطلع القرن التاسع عشر، هذا التحرير الذي تبرر آنذاك بفائدة التكامل بين الأسواق التي يتميز الإنتاج المحلي في كل منها بمزايا تفاضلية (Comparative advantage) خاصة وليس بحرية التنافس المطلقة التي تقود أحياناً كثيرة إلى إعماق الأسواق بنفس المنتج أو المحصول الذي تنتجه دول متفاوتة المزايا الانتاجية مما يؤدي إلى إفلاسات وإغلاق منشآت وتسريح عاملين وبطالة وهدر طاقات في الدول ذات المزايا الأضعف في المنافسة.

وقد ظهر، على سبيل المثال، أن توحيد السوق الأوروبي لم يؤدِ إلى توقف المنافسة بين الشركات ذات الشهرة في ثلاثة بلدان أعضاء على الأقل في صناعة وتصدير السيارات (فرنسا، ألمانيا وإيطاليا). وتجنباً للهدر الناجم عن ضعف المنافسة اندفعت شركات السيارات في هذه الدول إلى تقوية قدراتها التنافسية من خلال اللجوء إلى عقود تعاون مع شركات أجنبية ذات شهرات عالمية في مجالات التصنيع والتركيب والتسويق في بلدان أخرى.

وفي ظل هذه العولمة التنافسية الجديدة بين الأسواق، يحل اقتصاد الشركات متعددة الجنسية مكان الاقتصاد القومي. وتستغل هذه الشركات متعددة الجنسية المزايا التفاضلية التي يوفرها أي بلد لتعزيز منافستها على مستوى العالم. وقد ظهر أن حوالى ثلث المبادلات التجارية في العالم تتم بين تلك الشركات.

مؤطر 2

مثال شركة جنرال موتورز

عندما يشتري مستهلك أمريكي من شركة جنرال موتورز سيارة ماركة Pontiac le mass يكون بذلك قد شارك بوعي أو بدون وعي في تحويلات مالية إلى بلدان في العالم: فمن أصل 20,000 ألف دولار أمريكي تقريباً دفعها لشركة جنرال موتورز، تصل 6000 دولار منها إلى كوريا الجنوبية مقابل أعمال تركيب السيارة. وتصل 3500 دولار منها إلى اليابان مقابل المكونات الرئسية في السيارة (المحرك وناقل الحركة والمجموعة الإلكترونية) وتصل 1500 دولار إلى ألمانيا مقابل تصميم هيكل السيارة ودراسة مزاياها المميزة. وتصل 800 دولار إلى كل من تايوان واليابان وسنغافورة مقابل قطع صغيرة. وتصل 600 دولار إلى بريطانيا وإيرلندا مقابل أعمال التسويق والدعاية. وأما الباقي وهو لا يزيد عن 7600 دولار فيذهب إلى المخططين لمجموعة الماركة والمحامين والمصرفيين في نيويورك والمروجين الضاغطين في واشنطن وللعاملين في شركات التأمين وإلى أصحاب الأسهم في رأسمال الشركة الذين يعيش أكثرهم في الولايات المتحدة ويعيش عدد كبير منهم خارجها.

نص مأخوذ من: R. Reich, L'économie mondialisée , éd. Dunod, 1993, page 104.

جدول حجم الإستثمارات الخارجية والعمليات لبعض الشركات المتعدد الجنسية عام 1994

المعطيات / الشركات	حجم الإستثمارات الخارجية (بمليارات الدولارات)	إجمالي حجم العمليات عام 1994 (بمليارات الدولارات)
شركة شل للبترول (بريطانيا وهولندا)	63 . 7	94 . 8
شركة فورد للسيارات (الولايات المتحدة)	60 . 6	128 . 4
شركة إيكسون للبترول (الولايات المتحدة)	56 . 2	113 . 9
شركة جنرال موتورز للسيارات (الولايات المتحدة)	غير متوفر	152 . 2
شركة IBM للحواسيب (الولايات المتحدة)	43 . 9	64 . 1

المرجع: مؤتمر الأمم المتحدة حول التجارة والتنمية United Nations Conference on Trade and Development. 1996, in IFRI.

ثالثاً المعاهدات الناظمة للعولمة وأطرافها

1 ـ المعاهدات بين الحكومات:

من المعروف أن الربح هو الهدف الرئيسي للأعمال التجارية بين البلدان المتجاورة أو المتباعدة. ولذلك فإن توسع المبادلات بين هذه البلدان كان يتطلب دائماً من الحكومات أن تتعهد حمايتها وفق معاهدات ثنائية الأطراف تنص على شروط تبادل التسهيلات على الاستيراد والتصدير بينهما، وعلى إجراءات فض النزاعات التي تعترض تطبيق بنود الإتفاقية وكذلك على الجهات المعنية بذلك. أو تكون هذه المعاهدات متعددة الأطراف بين دول متجاورة تتدرج بإتجاه تكتل إقليمي كالمعاهدات التي عُقدت بين الدول العربية، وفي أكثر من قطاع، أو بين دول أمريكا (Nafta) أو بين دول جنوب وشرق آسيا (Asean.).

وجدير بالذكر أن المعاهدات التجارية يمكن أن تتدرج:

- من مستوى ما يسمى **إتفاقية منطقة التبادل الحر** (Zone de libre échange) حيث ترفع عن السلع المحددة للتبادل بين البلدان المتعاهدة، التحديدات الكمية والجمركية. ولا تُعطى هذه التسهيلات لبلدان سواها.

- فإلى مستوى **إتفاقية الإتحاد الجمركي** التي لا تكتفي بالتبادل الحر للسلع المحددة بين أسواق البلدان المتعاهدة، بل وإلى توحيد الرسوم الجمركية في تعاملها مع البلدان الأخرى خارج الإتفاقية.

- فإلى مستوى **إتفاقية السوق المشتركة** التي تنص على تنظيم فتح الأسواق في البلدان المتعاهدة في مختلف القطاعات (السلع والقوى العاملة والرساميل).

- فإلى المستوى الأعمق في الإندماج بين الأسواق وهو مستوى **إتفاقية الوحدة الاقتصادية**، حيث تتعاهد الدول الموقعة ليس فقط على تنظيم الفتح الكامل للأسواق، بل وتذهب هذه الإتفاقية إلى توحيد السياسات الاقتصادية، وإلى الحلول المشتركة لمعوقات هذا التوحيد في كل بلد بسبب تفاوت معدلات

تحققه في عملية التوحيد الأوروبي التي استغرق تدرجها في المراحل الأربع حوالى نصف قرن.

ونشير هنا إلى أن المشكلة ليست في توقيع المعاهدات الذي يُعتبر، في البلدان الفقيرة والعربية منها، ضرباً سياسياً طارئاً يرتجله سياسيو بلدين أو أكثر، ولا يقوم على الدراسات الموضوعية للحاجات الواقعية فيذهب مع ذهابهم من المسؤولية، ويُطرح ويُعدل من جديد مع سياسيين يخلفونهم.

وفي تقديرنا أن الإتفاقيات تبقى حبراً على ورق، كما يقال، إذا لم تفرضها جماعات المصالح الضاغطة (صناعيون ـ مزارعون ـ مصرفيون ـ نقابات عمالية ـ غرف صناعة وتجارة وزراعة. ..الخ)، تتابع وتحاسب صدقية السياسيين والأجهزة الإدارية في التقيد بتنفيذها. وفي غياب المتابعة تُفتح الأسواق أحياناً كثيرة قبل تمكين المنتجين من تحسين قدراتهم على المنافسة، فيؤدي ذلك إلى إغراق الأسواق الأضعف منافسة بواردات أرخص وافدة من الخارج تتسبب في كساد منتجاتها وتعطيل استثماراتها وتسريح العاملين فيها. وهذا ما نشهده في التظاهرات التي تنظمها جماعات المزارعين اللبنانيين إحتجاجاً على تبعات تحرير الأسواق الزراعية بمقتضى «معاهدة التيسير العربية» التي وضعت موضع التنفيذ منذ شهر كانون الثاني عام 2005، أي بعد توقيعها بخمس سنوات كان على الإدارة الحكومية وعلى تجمعات المزارعين استثمار هذه المهلة بشكل مكثف لرفع القدرات التنافسية للمنتجات اللبنانية.

2 ـ المعاهدات بين حكومة ما وتكتل اقتصادي إقليمي:

بالإضافة إلى النوع الأول من المعاهدات بين الحكومات، هناك المعاهدات بين حكومة ما وتكتل اقتصادي إقليمي كمثل معاهدات الشراكة التي تعقدها الحكومات في جنوب وشرق حوض المتوسط مع إدارة الإتحاد الأوروبي في بروكسيل وتتدرج الشراكة على مستويات ومراحل منصوص عنها. وتنص أيضاً على شروط اجتماعية ـ سياسية في مجالات الديموقراطية وحقوق الإنسان

والاقتصادي ومواجهة الفساد والهدر والعجوزات والمديونية وتلوث الطبيعة الاقليمية.

3 ـ المعاهدات الدولية:

وهي المعاهدات التي تدعو إلى تحرير الأسواق تسهيلاً لإدماجها في سوق عالمية واحدة كمعاهدة التجارة العالمية (.W.T.O). ويتم التشجيع في ظل النظرية النيوليبرالية التي تهيمن على إدارات الأسواق الاقتصادية والمالية القطبية في العالم (الولايات المتحدة ـ الإتحاد الأوروبي ـ اليابان). ويشجع كل من البنك الدولي وصندوق النقد الدولي على اعتماد السياسات النيوليبرالية للحكومات في البلدان الفقيرة التي كانت تعتمد سياسات الحماية والدعم لمنتجاتها. ويستند تشجيعهما إلى حكم كونهما المركزين الدوليين لمراقبة التوازنات داخل اقتصاد كل بلد من بلدان العالم، وتقرير مدى استحقاقه للإستدانة أو الدعم.

أما بالنسبة للاتفاقات التي يجب أن ترعى التجارة في العالم والتي تسعى الدول الغنية والمنظمات الدولية ومراكز التمويل العالمية لدفع الحكومات للإنضمام إليها وتحرير أسواقها، فقد بدأت كمعاهدة مؤقته عام 1947، تنص على ضرورة إقلاع الحكومات عن المعاهدات الثنائية أو المتعددة الأطراف التي كانت تمنح بعضها البعض صفة الدولة الأكثر رعاية وتحجب هذه الصفة عن الدول غير المتعاهدة معها فتفرض قيوداً على دخول البضائع القادمة منها. وظلت المعاهدة مؤقته تحت إسم - (General Agreement on Tariffs and Trade GATT). ثم تطورت مضامينها في دورة انعقاد مجلس ممثلي الدول الأعضاء في مدينة مراكش عام 1994. وأصبحت تسمى «منظمة التجارة العالمية» (World Trade Organization-W.T.O) بعد أن نجحت في فرض تخفيض الرسوم الجمركية إلى مستوى متدن جداً (في حدود 4% على السلع المصنعة في الدول الصناعية) ونجحت أيضاً في الإتفاق على اعتماد العقوبات للأعضاء المخالفين

رابعاً: العولمة وتأثيرها على الأسواق
في البلدان النامية

بين مطلع خمسينات القرن العشرين وبين ثمانيناته كانت المواد المصنعة في صادرات البلدان النامية تشكل نسبة لا بأس بها وكانت تصل في بلدان أمريكا اللاتينية إلى حوالى 50% ولا تشكل الصادرات الزراعية والاستخراجية منها أكثر من 25%.

ولوحظ منذ مطلع الثمانينات انقسام البلدان النامية إلى مجموعتين:

● مجموعة توفر مناخاً استثمارياً وموارد بشرية مشجعة ورخيصة بدأت الرساميل الأجنبية تفد إليها من البلدان الصناعية الغنية بهدف الإستثمار الصناعي فيها. ولوحظ في هذه البلدان أن صادراتها من المواد الأولية تتراجع باستمرار لصالح الصادرات من المواد المصنعة المنتجة أو المركبة محلياً بعد تخصصها في إنتاج السلع التي تعتمد على المنافسة من حيث الأسعار في أسواق البلدان الفقيرة وعلى منافسة الجودة حتى في أسواق البلدان الغنية. وركزت في ذلك على إنتاج السلع التي يحتاج تصنيعها إلى كثافة يد عاملة عالية في الوقت الذي اكتفت فيه البلدان الغنية الصناعية بالإنتاج الذي يستخدم التكنولوجيا العالية والعمالة النوعية المحدودة والمكلفة.

● ومجموعة لا تتوفر فيها الشروط المشجعة لجذب الإستثمارات الأجنبية، ومنها خاصة أغلبية بلدان افريقيا السوداء التي بقيت على نوعية صادراتها المتراجعة باستمرار من المواد الأولية.

وجدير بالذكر أن العولمة التي ساعدت على فتح الأسواق أمام هذه المواد الأولية لم تمكّن البلدان الفقيرة المصدرة لها من التعويض عمّا خسرته بسبب المنافسة المفرطة التي اضطرت إليها عندما لجأت إلى زيادة كميات صادراتها للتعويض عن تدهور أسعار المواد الأولية في بورصات البلدان الغنية. وكانت

المنصوص عنها في نصوص الإتفاقات الدولية المعتمدة لتنظيم أسعار وأسواق المواد (كالقهوة والكاكاو والقصدير مثلاً) وأحياناً بسبب استغناء البلدان الغنية عن تلك المواد الأولية المرتبط إنتاجها بشروط مناخية خاصة بالبلدان الإستوائية في إفريقيا والاستعاضة عنها بمواد بديلة مصنعة كيماوياً (كالكاوتشوك مثلاً)، فضلاً عن تراجع الصناعات المستهلِكة لكميات كبيرة من المواد الأولية (صناعات الصلب...) في اقتصادات الدول الصناعية، لصالح الصناعات الأقل استهلاكاً للمواد الأولية (صناعات التقنيات الحديثة للإتصال).

مؤطر 3

إنعكاسات العولمة على الاقتصاد المصري

... إن العولمة ليست عصا سحرية لحل جميع المشاكل ولا هي السم المميت. فالعولمة تعرض البلدان لصدمات في ظل ظروف معينة، كما تعرضها لقواعد وقيود تقيدان السيادة، مثل تراجع قدرة الحكومات على فرض الضريبة وتحصيلها بالإضافة إلى التحديات الأخرى السياسية، والثقافية والاجتماعية والبيئية. فالعولمة تحد لفكرة الدولة والأمة والهوية القومية وتحول نحو التكتل والتكامل الإقليمي المدفوعين بتكنولوجيا المعلومات والاتصالات. والتطورات في هذا المجال مفيدة للدول التي تستطيع تسخيرها لمصلحتها في حين أن الدول غير القادرة على ذلك تواجه خطر اتساع الهوة بينها وبين الدول الأكثر تقدماً.

... وفي عام 1991 كان الاقتصاد المصري ما زال يعاني من تشوهات كلية وهيكلية شديدة تجسدت في: قاعدة تصدير غير بترولية محدودة، عجز في الميزانية الحكومية وفي ميزان المدفوعات بلغ نحو 20 في المائة و10 في المائة من الناتج المحلي الإجمالي على التوالي، ومعدل تضخم اقترب من 15 في المائة كنتيجة للسياسة المالية التوسعية، وأسعار فائدة حقيقية سلبية، واحتياطي نقد أجنبي يغطي ثلاث أشهر فقط من مدفوعات النقد الأجنبي إلى الخارج.

... وقد شهد الاقتصاد المصري في فترة التسعينات من القرن العشرين، وفي ظل برنامج الإصلاح الاقتصادي، تراجعاً في بعض مؤشرات اقتصادية كلية لها علاقة وثيقة بالتعامل مع الاقتصاد العالمي: انخفضت نسب صادرات وواردات السلع والخدمات من

89 في المائة إلى 44 في المائة من الناتج المحلي الإجمالي، كما انخفضت نسب الاستثمار الأجنبي المباشر من 3،4 في المائة إلى 1،3 في المائة وتحويلات العاملين في الخارج من 8،3 في المائة إلى 4،3 في المائة. وهذه المؤشرات تبرز ضعف مدى العولمة في الاقتصاد المصري، وتؤكد الإنفصال التدريجي عن التكامل مع الاقتصاد العالمي بالرغم من سياسات تحرير الاقتصاد.

المصدر: علي توفيق الصادق وعلي أحمد بلبل ـ صندوق النقد العربي بعنوان: العولمة وإدارة الاقتصادات الوطنية، صفحة 19 و24 و25.

المراجع:

1 ـ Victor Scardigli «La dynamique de la diversité culturelle en Europe» Futuribles, décembre 1993.

2 ـ R. Reich, L’économie mondialisée, éd. Dunod, 1993, page 104.

3 ـ مؤتمر الأمم المتحدة حول التجارة والتنمية UNCTAD 1996.

4 ـ نشرة يوروميد (Euro - Med) الصادرة مع جريدة السفير عدد 30 حزيزان 2005 عن مفوضية الإتحاد الأوروبي في بيروت.

5 ـ على توفيق الصادق وعلي أحمد بلبل «العولمة وإدارة الاقتصادات الوطنية» صادر عن صندوق النقد العربي عام 2000.

موضوعات وقضايا خلافية في تنمية الموارد العربية

الباب الثاني

أولاً: مقدمتان في المقاربات النظرية والحقلية
للأبحاث التنموية

ثانياً: قضايا في تجارب التنمية العربية

موضوعات وقضايا خلافية في تنمية الموارد العربية

أولاً: مقدمتان في المقاربات النظرية والحقلية للأبحاث التنموية

مقدمة أولى: في المقاربة النظرية للأبحاث التنموية

الميكروسوسيولوجيا في التشخيص التنموي للحقل الاجتماعي

يتوجه الباحث إلى الحقل الاجتماعي الريفي المقصود معتقداً أن ما توفر لديه من ثقافة حول أوضاع البلاد وما توفر له من معرفة عن خصائص منطقة الحقل هما كافيتان لمقاربته. وأن معرفته لما يُشاع عن هذه المنطقة من ميول وسلوكيات وعلاقات محلية، هي معرفة تمكنه من ترسيم مؤقت لتشكل هذا المجتمع المحلي (Système) ولمواقع الفاعلين (Les acteurs) في إدارته المحلية. الا ان الباحث لابد وان يجد نفسه، في المرحلة الأولى من وصوله إلى الحقل، مراوحاً بين 3 مناهج من الفهم والمقاربة لتشكل الحقل المقصود الذي يجهد لتركيب منطق بنائه:

1. منهج يشّد اهتمام الباحث إلى اعتبار الحقل نظاماً (Système) يتراءى له بفعل ما يعتمده من المقاربات الوظائفية أو الثقافوية أو البنيوية. وينتهي بالركون إلى قول لا يخلو من التبسيط عن وجود آليات كيانية داخله يفرضها نظام أكبر يتحكم بنظام الحقل المحلي.

بمنطق تفاعلية الفعل الاجتماعي والفاعلين الاجتماعيين داخله. وهو منطق تعتمده المقاربات الميكروسوسيولوجية كالتفاعلية (L'interactionnisme) والإتنوميتودولوجيا. هاتان المقاربتان اللتان لا تخلوان هما أيضاً من التبسيط الإنفعالي عندما نعلم أنهما تبلورتا في الولايات المتحدة الأمريكية، منذ مطلع ستينات القرن العشرين، كردود فعل على هيمنة علم الاجتماع التجريبي الكمي (لازارسفيلد). وإتُهمتا بأنهما مجرد تجديدين للوظائفية المقتصرة هذه المرة على المجتمع والجماعة المحليين. وبمقتضى مثل هاتين المقاربتين النيو وظائفيتين تتجدد الأوضاع المحلية بقرارات الفاعلين في وضعية معينه كما لو أن هذه الوضعية خارجة تماماً عن تأثير الآليات الماكروية التي تحددها ظروف النظام الاجتماعي في المجتمع الكبير والدولة.

3. وهناك منهج ثالث من الفهم والمقاربة يمكن أن يدفع الباحث إلى الربط بين تأثير الأفراد وتأثير المجتمع ظهر لدى رواد التجديد المنهجي الماركسيين في إطار مدرسة فرانكفورت. وقد قال هؤلاء الرواد، في الولايات المتحدة وأوروبا منذ مطلع ثلاثينات القرن العشرين (wittfoge) و(horkheimer):

بضرورة القراءة الفينومينولوجية للظواهر الثقافية والإلتفات إلى فاعلية العوامل غير الاقتصادية في صراع المجتمع وتحوله

وبضرورة إعادة قراءة كتابات ماكس ڤايبر في إطار ما يُسمى بعلم الاجتماع الثقافي وبعلم اجتماع المعرفة (كارل مانهايم). وفي هذا السياق قال انطونيو غرامشي بضرورة الإنتباه إلى دور الثقافة والدين والمدرسة في تأخير إنفجار التناقض بين البناءين الفوقي والتحتي في التحليل الماركسي الكلاسيكي. وأشار هورخايمر إلى ضرورة الإنتباه إلى دور العائلة في التنشئة كحيز اجتماعي تترابط فيه العوامل الاقتصادية والثقافية والسياسية[1].

لا شك في أن المقاربة الميكروسوسيوانتربولوجية التي ترجّح أهمية تفاعل قرارات الافراد الفاعلين داخل الجماعة المحلية على أهمية تأثير النظام الاجتماعي عليهم. وهذه مقاربة تُبرز فعل الفرد في مواجهة النظام[2] فتُغري الباحث بالركون إلى التعبيرات المباشرة للعلاقات والسلوكيات والميول الفردية

والمنفعلين في المجتمع المحلي.

غير أن ما يغيب عن الباحث، الذي يميل إلى مثل هذه المقاربة، أن منطق المسرحية اليومية التي تدور بين الأفراد في مجتمع مدني صناعي متطور هو غير منطق المسرحية التي تدور مشاهدها بين عصبيات المجتمع الاهلي المحلي في البلدان الفقيرة فهي تدور هنا بين النزعات المحافظة الغالبة من جهة وبين نزعات التجديد المغلوبة داخل كل عصبية من جهة ثانية. ويغيب عن بال الباحث أيضاً وأيضاً أن النزعات المحافظة والغالبة في الجماعات في مثل هذا المجتمع العصبوي تتموضع داخل هرمية كيان سلطوي مركزي يحكم قرارات وتحركات الفاعلين المحليين من قياداتها الموالين دائما للسلطة المتراتبة من المحلي إلى المركزي. وان كل قيادة فاعلة محلياً تطمح من موقعها (Statut) إلى دور (Rôle) يمكنها من إزاحة القيادة الاخرى عن موقعها داخل عصبيتها أو داخل العصبية الخصم، وأن القدرة على إلغاء الآخر أو استتباعه داخل العصبية الواحدة وفي الأرياف خاصة ترتبط بمستوى رصيد صاحبها في هرمية السلطة المركزية في النظام.

ويزيد في تعقد فهم تأثير الفرد الفاعل داخل نظام المجتمع المحلي في البلدان الفقيرة أن الفرد هنا لا يخضع لتأثيرات منمطة يفرضها نظام المجتمع الكبير الذي يعيش بشكل مباشر أو غير مباشر في ظل آلياته، بل أن هذا النظام يتزايد تفرعه، وفي ظل العولمة، إلى أنظمة اهلية فرعية محلية متنافره في مستويات تحديثها وفي مواقيت وأنواع تأثيراتها على مواقع الأفراد وعلى الإدوار المنتظرة منهم.

وهنا تجدر الإشارة إلى مساهمة روبير ميرتون (R. Merton) في نقده لمفهوم النظام لدى بارسونز ولنظامية العلاقة بين مواقع الأفراد من جهة وبين الأدوار التي يلعبونها من جهة أخرى، حيث بيّن أن أعمال وسلوكيات الفرد، داخل ما يقوم به من دور، لا تتطابق بالضرورة دائماً مع ما ينتظر منه لمجرد كونه يشغل موقعاً أو مركزاً يعرّفه المجتمع في الثقافة المحلية. وأن خروجه في أداء دوره

لانتظارات مختلفة من افراد متعددين فاعلين أو غير فاعلين. وهي إنتظارات تختلف باختلاف تعريفات هؤلاء الآخرين المحيطين به للمركز الذي يشغله.

وهنا نشير إلى أن اختلاف التعريفات يصبح اختلافاً مُركباً في الحقل اللبناني حيث يسود الإزدواج النفسي والسلوكي في إداء الأدوار وفي التعبير عن الآراء والعلاقات تلافياً لحرج ديني أو طائفي أو سياسي يُستحسن عدم الإنجرار إليه في العيش المحلي الضيِّق حيث تسود عصبيات وعلاقات الترغيب والترهيب ويميل الكثير من الناس إلى اعتماد ما يُسمى بسلوكية الوجوه والألسنة المتعددة للفرد عينه في مواقف مختلفة.

المغالبة في التكيف بين خصوصية الحقل ومنهجية المقاربة

إن مخاطر الإنزلاق المترتبة على اعتماد حصري لأي من منطق المقاربتين وهما: منطق المقاربة الميكروثقافية في النطاق المحلي ومنطق المقاربة الماكروية في نطاق المجتمع العام وهما بتعبير آخر: المنطق القائم على تفاعلية الفرد من جهة والمنطق القائم على فعل النظام الكبير من جهة أخرى هي مخاطر لا بد وأن تدفع الباحث إلى خيار اعتماد توليفة من مقاربات (Combinatoire) تلائم اللحظات المتعاقبة من الدراسة الميدانية وتمكّنه من فهم الإرتباط الجدلي بين الفعل البسيكوثقافي للفرد داخل إطار جماعته (Communauté) من جهة وبين المحددات الثقافية ـ السياسية للنظام التي تفرضها المؤسسات الاجتماعية الناظمة لكيان المجتمع الكبير على الجماعة المحلية التي يعيش فيها الفرد من جهة ثانية. ويستند اعتماد هذه التوليفة من المقاربات إلى أن في تكوين أي ظاهرة أو مؤسسة توجد أبعاد موضوعية تتحدد بآليات بنيوية ـ وظائفية (Structuro-fonctionnels) تحكم توصيف مواقع الأفراد (Status) وأن هناك أبعاداً ذاتية مكملة لها تتمثل بأفعال الأفراد الذين يؤدون الأدوار (Rôles) في هذه المواقع التي وان اختلف وصفها اجتماعياً الّا أن منطق لعب الأدوار الملائمة

لها(Enjeu) لا يتجاوز حدوداً مؤسسية وأخلاقية ماكروية تحكم العلاقات اليومية بين الأفراد الفاعلين.

إن توليفة المقاربات المعتمدة المُشار إليها تضعنا أمام تساؤلات كثيرة تدور كلها حول مدى ملاءمة المفاهيم والتقنيات السوسيوأنتروبولوجية المستعارة مع خصائص لغة ونواميس العيش المشترك الغالبة في الحقل الاجتماعي المحلي اللبناني المُستهدف. ولهذا تنطرح التساؤلات حول مدى ملاءمة المفاهيم وتقنيات المقاربة مع الجماعات المحلية وحول ارتباط هذه الملاءمة بمدى التفاعل مع لغة التواصل المألوفة محلياً.هذه اللغة التي هي أساس العيش المشترك أو بنية التواصل في المجتمعات المحلية، ولا سيما الريفية منها، كما يقول ليفي شتراوس. ففي هذه اللغة تبرز التعبيرات الثقافية المألوفة التي تطال مواقع الدين والسلطة والمرأة والملكية. هذه التعبيرات التي ترتدي غالباً طابع التورية عبر الأمثال الشعبية أو المزاح أو النكات. وهي تعبيرات يمكن إدراجها في ما يُسميه هابرماس بـ "الفعل الإتصالي" (L'agir communicationel). وهو فعل التنشئة الذي بات يهيمن عبر الإعلام الرقمي داخل نظام المجتمع وبات يحكم تبلور الذاتيات الفردية الفاعلة منها والمنفعلة.

وفي مقاربة أي مجتمع محلي ريفي خاصة ينطرح سؤال كبير حول ما إذا كان يمكن الكلام عن نظام واحد للمجتمع يهيمن في حدوده الجغرافية "فعل إتصالي" يتحكم بتنشئة الذاتيات الفردية؟ أم أن المجتمعات المتعددة العصبيات في البلدان الفقيرة، ومنها لبنان خاصة، تتعرض أنظمتها المحلية، في ظل عولمة الإتصال المحيطة بها والفاعلة في تحولاتها، لأفعال وتأثيرات متنافرة من الإتصال الإعلامي والثقافي والسياسي. فيتوالد في إطار النظام السياسي في المجتمع الكبير، وداخل حدوده الجغرافية، عدد من الأنظمة الفرعية المتنافرة (Sous systèmes). انظمة يفرض كل منها فعلاً إتصالياً ملائماً لثقافته وملائما لها. ونذكر من هذه الأنظمة الفرعية المتزايدة في ظل التأثر العشوائي بالعوامل الدولية والإقليمية إلى حدود تهديد كيان الدولة:

الفرعي تتجسد في داخل كل منها مفاتيح الفعل الإتصالي بالسلطة أو بالمال أو بالإيمان على حد ما فصله نيكلاس لوهمان (N. Luhman) في نقاشه مع هابرماس [1] حول تعددية الأفعال الإتصالية وتنافر تأثيراتها داخل المجتمع الواحد.

ويُضاف إلى صعوبة حصر مفاعيل الأفعال الإتصالية المتزايدة التنافرفي المجتمع الواحد صعوبة ثانية ناجمة عن الإزدواج في لغة الإتصال المشتركة داخل الجماعة المحلية (Communauté) حيث يميل الناس إلى تحمل اختلافاتهم وكبتها معتمدين لغة التهادن. إنها اللغة التي ترجُح داخلها غالباً تعبيرات التوافق على تعبيرات التحسس والتوتر. وهي لغة معتمدة أحياناً كثيرة لاستمرار العيش المشترك بين الفئات المتعصبة، تستبعد الشفافية وتعتمد نواميس التقية أو الإستتار بالمألوف كما تنصح الفئات المتعصبة في بعض الطوائف اللبنانية. أو هي لغة" تقبيل اليد التي لا قدرة على عضها". ولهذا فهي لغة لا تقوى تقنية الإستمارة على سبر تلافيفها كمثل تقنية الملاحظة من خلال المشاركة بتفاصيل العيش في دورة حياة كاملة وبتبادل التعبيرات حولها.

منهج المقاربة وانتظارات الحقل

لا ريب في أن الحقل الاجتماعي ينفتح على كل باحث وفقاً لتنظيره السوسيولوجي الذي ينعكس على توليفة مقاربته الميدانية وعلى خلاصاته التي تذهب بصورة مباشرة أو غير مباشرة إلى هذه أو تلك من الفئات المكونة. وفي هذه الحالة ينتقل الباحث بقصد مسبق أو بمقتضيات السياق الميداني للبحث من هواجس علم اجتماع التغير إلى هواجس علم اجتماع التغيير أو علم اجتماع التنمية. ومن مخاطر هذه المقاربة أن الناس في الحقل يخلطون بين عالم الاجتماع الباحث القادم إليهم المتدخل في تفاصيل مشكلاتهم وبين صاحب القرار الحكومي في الادارة والتمويل على اعتبار أن الباحث لا بد وأنه قادر

على توزيع المغانم المترتبة على دراسته.وفي هذا العمل الميداني يجد الباحث نفسه أمام واحد من السبل التالية:

1. فإذا ما رأى في المجتمع نظاماً متسقاً يتكيّف مع المحافظة على اتساقه وتجدده فيتحوّل إلى استقصاء الإختلالات الناجمة عن توزيع الموارد ومواقع النفوذ بين الأفراد وإلى معالجة السلبيات المنعكسة في تهميش وعوز يهددان توازن الهرمية المحلية المألوفة وهي معالجة تبقى في نطاق الخدمة الاجتماعية (Service ou travail social).
2. وإذا ما اختار الباحث خرق نظامية الحقل المرئية باتجاه التناقضات والتوترات البنيوية في النظام الماكروي المموهة محلياً بلغة وثقافة التوافق فلا بد له من توصيف الآليات المحلية للإستغلال وتعويق النمو واستنطاق الثقافة المموهة لهما والمهيمنة محلياً. فتبرز في بحثه الميداني أشكال الترابط بين آليات الإستغلال المحلية من جهة وبين الآليات الاقتصادية والسياسية التي تحكم النظام في المجتمع الكبير من جهة ثانية. وهي آليات تقوم في المجتمع المحلي على الإلغاء المتبادل بين الأفراد الفاعلين المتنافسين على احتكار السلطة داخل العصبيات وبينها ولا تقوم كما في البلدان الصناعية المتطورة على التعارضات الثانوية بين التكنوقراطيين من جهة وبين رجال الأعمال من جهة ثانية وبين هذين الطرفين ورجال السياسة من جهة ثالثة.
3. وإذا ما قصر الباحث تركيز مقاربته على أفعال الأفراد في المجتمع المحلي سواء من خلال تفاعلاتهم ضمن ما يُسمى بدينامية التفاعل التشبيكي داخل الجماعة (Interactionnisme) أو من خلال الميكروثقافة أو الثقافة المحلية ضمن ما يُسمى بالإتنوميتودولوجيا أو من خلال التركيز على نمطية فعل الفرد (Homo sociologicus) أينما كان في تحديد ميوله وأوضاعه في ما يُسمى بمنظور الفردانية الممنهجة أو (Individualisme méthodologique) فإنه لا بد من أن يخلُص إلى دور القيادات المحلية ومسؤولياتها سواء في دورها السلبي

المحلية وغير المحلية لتنمية موارد هذا المجتمع المحلي كاساس لتقدمه الاجتماعي.

4. غير أن هذه الخلاصة الناتجة عن منظور تفاعلية الأفراد داخل زمرهم وتشبيكاتهم المحلية وفي إطار ما يُسمى بالميكروسوسيولوجيا أو بعلم الاجتماع النقدي المعاصر تقود الباحث بالضرورة إلى المحدِّدات الماكروية والسياسية المتحكمة بتفاعلات القيادات المحلية للجماعات التي تعمل على تحصين مواقعها أومراكزها المحلية داخل هرمية السلطة العامة المشرعنة بالثقافة المهيمنة في المجتمع الكبير. وفي هذا السياق من المقاربة قد يكون أول المستفيدين هو علم اجتماع التغيير وأول الخاسرين هو الباحث السوسيولوجي الذي ينقم عليه أهل السلطةمن جهة كما غالبية الجماعات المحلية المتواطئة معها من جهة اخرى بفعل وعيها المتكيّف مع الثقافة المهيمنة.

مقدمة ثانية: في المقاربة الحقلية للأبحاث التنموية

مسرحية التشخبص التشاركي في حقل إجتماعي ريفي

كل مرة توجهت فيها إلى حقل اجتماعي ريفي ما في لبنان أو خارجه في مهمة دراسية يُراد منها أن تكون مهمة خبير لتصميم أو لتقييم مشروع تنموي محلي ما كنت أعيشها مهمة بحثية. وبهذا المعنى تصبح هذه المهمة بمثابة فرصة اختبار لنفاذية منظومة مفاهيم وطرائق أعتمدها في حينه للتعرف على منطق التشكل والتحول والتفاعل الاجتماعي داخل الحقل الاجتماعي المستهدف وللتعرف على منطق انفعال هذا الحقل على أي متدخل خارجي «ينتهك حرمة نظاميته الوظائفية الظاهرية". وفي كل مرة كنت أواجه ضرورة تعيين حدود التطابق والتفارق بين منظور علم اجتماع التغُّير من جهة ومنظور علم اجتماع التغيير الهادف إلى تنمية الموارد أو ما يمكن أن نسميه علم اجتماع التنمية من جهة اخرى.

أجل في كل مرة كنت أشعر أنني ذاهب إلى مسرح جديد للمغالبة بين تصور تشكَّل عندي مما تيسر لي من معارف عن الخصائص الاقتصادية والثقافية الماكروية التي أظن أنها تحكم منطق الحقل ومن معارف عن التكيفات الثقافية المحلية التي أظن أنها تميز الحقل الستهدف عن غيره من الحقول. وتجدر

إلى ضرورة تعديل العدة الثقافية والمهنية لدي. مثلي في ذلك هو مثل اي دارس يتدخل لفهم التجادل الذي يحصل يومياً في القرية أو الجماعة المحلية بين نظام لفهم اوضاعها يرجحه الدارس من جهة باعتباره دارسا مختصا وبين أنظمة أخرى متنافرة لفهم الاوضاع المحلية عينها يواجهها في الحقل. هذه الاوضاع التي يرغب القادة النافذين محلياً أن يتقبلها الدارس المتدخل باعتباره خبيراً يجب أن يأخذ كالعادة بأخبارهم لقاء تسهيل مهمته الدراسية خلال المدة المحددة له في بنود عقد تكليفه (Term of reference) بانجازها.

كنت أعرف دائماً ومسبقاً أن ما أعرفه عن أي حقل ريفي قبل الدخول إليه لا يعدو كونه معرفة مؤقته تختزله وستكون موضع استثارة لانفعالات جماعاته. انفعالات تبدأ ملطَّفة في جو الإستقبال والإحتكاكات الأولى ثم لا تلبث مع الأيام أن تذهب في اتجاهات ثلاثة:

1. إتجاه أول لفعاليات موالية للسلطة، متنفذة محلياً، تختار نهج المسايره المألوفة تقليدياً للدارس المتدخل وإطراء خبرته وتخصصه: فتعرض عليه التسهيلات لتنفيذ مهمته التشخيصية ـ التصميمية المبرمجة على أشهر قليلة جداً أو لتنفيذ مهمته التشخيصية التقييمية المبرمجة على أسابيع قليلة جداً. وغني عن البيان أن مثل هذه التسهيلات كثيراً ما تغوي الخبير غير الباحث وتوقعه في شباك الفاعلين (Acteurs) النافذين من أصحاب السلطة المحلية ممن يرغبون في أن ينأى الباحث بتشخيص التعوق الاقتصادي والاجتماعي في مجتمعهم المحلي عن مسؤولياتهم تمهيدا لدفع التوصيات في تقريره النهائي باتجاه ربط الحلول والمعالجات لذلك التعوق بمصالحهم وبأدوارهم التي لا غنى عنها بالرغم من تنافرها.
2. وفي مقابل هذا الإتجاه الأول النافذ في السلطة المحلية ثمة إتجاه ثانٍ معارض يحرص عادة على توجيه نظر الدارس المتدخل أو الخبير في إتجاه معاكس يعدد له الشواهد عن تواطؤ أخصامه من أصحاب الإتجاه السلطوي الأول في ترسيخ التعوق والحرمان وعن تحكمهم بادارة الموارد والخدمات

المتاحة من داخل المجتمع المحلي أو من خارجه. ويرّجح نافذو العصبيات المعارضة الظن بأن الدارس المتدخل هو غالباً موفد مباشرة أو بصورة غير مباشرة من جهة حكومية تدعم الاتجاه السلطوي المحلي الخصم. ولهذا ترى القيادات المعارضة عدم جدوى الإنسياق في مسايرته بشكل مواز لمسايرة الإتجاه الأول له. فيسارعون إلى إبراز التحفظات والإنفعالات السلبية على الجهود التشخيصية التي يقوم بها الدارس أو الخبير في مواجهة التسهيلات المتاحة له من الطرف الآخر بهدف إشعاره بإمكانية الطعن في تحيزه في ما يصممه أو في ما يقيّمه من المشروعات متوقعون منه، والحال هذه، أن يحسب حسابهم، وهم في موقع المعارضة وبما لا يجب أن يقل عما يظنون أنه سيكون حساب أخصامهم المسايرين له في السلطة المحلية.

3. وبين كل من الإتجاهين يراوح الوعي والإنفعال لدى كتله ثالثه ليست في موقع القدرة على بلورة اتجاه ثالث. إنها كتله أقل هجساً بالتسلط وأقصر باعاً في التنفع، تبرز في مقدمتها بعض المجموعات النسائية. تتسع أو تضيق هذه الكتلة مع اختلاف مستويات نمو الموارد البشرية والطبيعية والتنظيمية بين المناطق وبين الأرياف داخل المنطقة الواحدة. نلاحظ أن الكثير من أفراد هذه الكتله يأنسون لما يسمعونه من الدارس ـ المتدخل عن معايير العقلانية والجدوى في تثمير مواردهم ومضاعفة عوائدها. فيلمحون في ذلك تجاوزاً لمظالمهم وللمعوقات المحبطة التي طالما واجهوها في الأسواق والتنظيمات الحكومية والأهلية والعائلية. ويعلن البعض من الفعاليات الثانوية في صفوف هذه الكتله إستعدادهم دونما ارتباك للإنضمام إلى الأطر المقترحة. هذه الاطر التعاونية أو ما شابه التي يرى الدارس المتدخل ضرورة خلقها لتثمير مواردهم وتحسين مستويات معيشتهم على عكس ما يبرز من سلبية في إنفعالات غالبية الاتباع المعوزين سواء في صف النافذين الموالين أو في صف النافذين المعارضين.

وخلال الفصول الأخيرة لمسرحية المغالبة المعرفية في الحقل الاجتماعي

تشخيصه التصميمي (القبلي) للمشروعات التنموية أو في تشخيصه التقييمي (البعدي) لها:

1. خيار الخبير غير الباحث المتمرس بتقنيات قياس الوقائع والربط بينها في محاولة لتفسير المعوقات المرئية التقنية أوالإدارية أو المالية لتثمير الموارد المحلية معتمداً على ما توفره له قيادات الرأي أو الشخوص النافذين على المسرح المحلي (Leaders d'opinions) من معطيات تسِّهل تشخيصه وتصميمه للمشروعات أو لتقييمها من غير أن يتسبب في إحراج أولئك النافذين داخل نظام السلطة المحلي ودونما تعارض مع آليات تكيّف أهل هذا النظام مع الإدارات والمراجع السياسيين النافذين في المنطقة أو في البلاد.
2. وخيار الباحث ـ الخبير الذي يجهد لتحديد تأثيرات كل من العوامل السياسية والاقتصادية والتشريعية الماكروية التي تفرض على المنطقة وعلى المجتمع المحلي فيها أن يتكيّف في تحولاته معها. كما ويجهد أيضاً في تحديد تأثيرات الثقافة المحلية التي تتسع من جهة للنزوع إلى التكُّيف والمحافظة والإذعان للقوى الغالبة وتتسع من جهة أخرى للنزوع إلى قيم الحرية والعدالة والتطلع إلى التغيير. وفي هذا النوع من السياق الجدلي للبحث يجد الباحث ـ الخبير نفسه أقرب ما يكون إلى هذا النزوع الاخير وإلى تلك القيم التي تمكنه من التبصر في الإمكانات الواسعة لتثمير الموارد المحلية. هذه الموارد المستباحه التي تعوق تنميتها الميول المهيمنة في المجتمع المحلي.

في هذا التوجه البحثي للدارس الذي يربط بين العوامل الاقتصادية والسياسية المؤثرة في بنية المجتمع المحلي من خارجه وبين مستوى المغالبة داخل ثقافته المحلية تبرز أهمية التدقيق في مدى تقبل الناس للمعايير العقلانية في تنمية مواردهم البشرية ويمكن قياس هذا التقبل من خلال المؤشرات الملائمة وفي طليعتها مؤشرات المشاركة الكمية والنوعية والإلتزام الفعلي أو الشكلي بمسؤوليات التطوع في الأطر التنظيمية الجديدة في المجتمع المحلي.

أجل ضمن هذا التوجه البحثي تبرز أهمية التعمق في التحليل السوسيوثقافي

التعرف على الحدود الفعلية للتوافق والتعارض مع تلك المعايير العقلانية التنموية بين كل من الإتجاه السلطوي الذي سبق ورحَّب بمهمة البحث وسهَّل المسوحات والمقابلات والتحركات الميدانية لإنجازها من جهة، وبين الإتجاه المعارض الذي لا يختلف عن الإتجاه السلطوي في توظيف أي دعم خارجي من أجل الوصول إلى سلطة القرار واحتكارها من جهة ثانية.

3. وأما بالنسبة للإتجاه الثالث الأقل هجساً بالسلطة واقصر باعا على الانتفاع ومن ضمنه بعض الجماعات النسائية خاصة، فهو إتجاه لا يتوفر لديه غالباً لا الوعي التقنوـ اقتصادي ولا الخبرات البشرية الضاغطة على أصحاب القرار الإداري والسياسي المحلي أو المركزي، ولكنه إتجاه يرى في هذه المقاربة المحرجة الكثير الكثير مما يرتاح إليه بوعيه أو بحدسه. كما ويمكن أن يستثمر إحراج هذه المقاربة كل من الإتجاهين الآخرين: فيجد فيها المعارضون ما يُحرج الإدارة الرسمية وأتباعها في السلطة المحلية، ويجد فيها هؤلاء أيضاً بعض ما يفيد في مجال التنصل من المسؤولية عن سوء إدارتهم المحلية للمصالح العامة من خلال رميها على عاتق الإدارات الخكومية المركزية. أما الإدارة الرسمية فهي ترى في المقاربة المحرجة أيضاً بعض ما يفيد في تحميل قسط كبير من المسؤولية عن التعويق إلى الفاعليات المحلية. وهكذا تُسدل الستارة على تلاقي جميع الأطراف والإتجاهات على تقدير بعض من جهود الباحثـ الخبير بالقدر الذي يتم تلاقيها في المقابل، على تحميل الباحث كل ما يُحرجها وما لا يرضيها في البعض الآخر من هذه الجهود.

أجل في مثل هذه المقاربة التغالبية للحقل الاجتماعي الريفي تذهب دراسة الباحث ـ الخبير باتجاه توصيات تنموية محركة للموارد البشرية الموجودة والممكنة متعارضا في ذلك مع الاطراف السلطوية المعوّقة للتنمية ومع الأطراف المتضررة من هذا التعويق على حد سواء. وبهذا تكثر فرص التجادل حول الدراسة كما حول كل بحث يجهد لتحديد آليات هذا التعويق ومعالجته. وتقل

لأنها أقرب إلى تحليل لتناقضات اجتماعية ثقافية رسختها كل من السلطتين بنيوياً ووظائفياً منها إلى تقرير يحمل معالجات تقنية لمشكلات فنية أو إدارية ظرفية لا تؤثر سلبا على رسوخ هرمية السلطة، وأن أثرت في تحريك لوعي التناقض في المصالح والطروحات.

ثانياً: قضايا في تجارب التنمية العربية

الفصل الأول

التحولات العالمية وحدود التكيُّف والمغالبة
في التركيبات الاجتماعية لبلدان الجنوب

من المعلوم أن التركيبات الاقتصادية والاجتماعية ـ السياسية في البلدان العربية تتفاوت:

ـ سواء لجهة مستويات النمو الاقتصادي والتكنولوجي أو لجهة مستويات التحكم بمواردها وأسواقها القطرية في التعامل مع الأسواق الدولية

ـ أو لجهة المنعة السياسية والتأهل الثقافي في التعامل مع التحولات العالمية المتسارعة على هذه الأصعدة كافة.

ـ ومن المعلوم أيضا أن في كل تركيبة مجتمعية عربية، من المغرب مرورا بمصر والمشرق وانتهاء بالخليج أنماط من الحساسيات النفسانيةـالثقافية والسياسية اتجاه تلك التحولات تذهب من التفاؤل بها إلى حد العداء لها.

ولكن تفاوت الأوضاع والحساسيات بين المجتمعات العربية وداخلها الذي يهجس به التحليل السوسيولوجي لا يجب أن يحجب التجانس الذي يجره منطق التدويل الإنتاجي والإستهلاكي الفاعل على الأوضاع والحساسيات المنفعلة مهما تمايزت. ولا ننسى ان فعل التجانس الذي يفرضه التدويل التاريخي لا يقتصر

البشرية المتوسطة والمنخفضة عامة وحسب بل أن إختلالات هذا التدويل تهز مكونات مجتمعات التنمية البشرية العالية وخاصة في أوروبا الغربية. هذه المجتمعات التي تكونت بخلاف الولايات المتحدة واليابان في ظل دولة الرعاية. هذه. الدولة التي قامت على مبدأ الأخوة والتكافل الوطني كمساومة ميثاقية تاريخية، شكلت شعاراً "للثورة الفرنسية" عام 1789، بين اهل رأس المال القائلين بمبدأ الحرية من جهة وأهل العمل القائلين بمبدأ المساواة من جهة اخرى.

أجل إن الإختلالات الاجتماعية العنيفة تهز المجتمعات الاوروبية الغنية وتهدد في فرنسا أُسس الجمهورية حيث يرتفع معدل البطالة إلى 6 ملايين يمكن أن يضاف إليهم اولئك الذين يئسوا من طلب العمل وأولئك الذين يرضون بعمل مؤقت وبنصف أجر فيرتفع تقدير معدل البطالة والحالة هذه من الخمس إلى ثلث السكان بعمر العمل.

إن إتساع ظاهرة البطالة يتلائم مع المبدأ الرائج في المفاهيم الجديدة لإدارة الأعمال والموارد البشرية. هذه المفاهيم المرتكزة على ما يسمى اليوم بهندسة الأنشطة الإنتاجية "Reengineering أو Reconfiguration" وهي مفاهيم تبين أنه يمكن الإستغناءعن 25 مليون أجير من أصل 90 مليون أجير في الولايات المتحدة وعن 9 ملايين أجير من أصل 33 مليون أجير في المانيا[1]. أي عن حوالى 27% من العمالة في كل من البلدين.

وجدير بالذكر أن التدويل الرأسمالي التاريخي للإنتاج والإستهلاك الذي توفرت له الشروط التكنولوجية الثورية (من أتمتة ومعلوماتية وإتصالات الكترونية) أصبح أكثر تحريراً للرأسمال في تعظيم أرباحه وأكثر تمكيناً له في تجاوز مواثيق الرعاية الاجتماعية في الدول الصناعية الغنية (OCDE) ولذلك راح هذا الرأسمال يهرب من الضمانات المكلفة للعمل المحصّن نقابياً وحزبياً، إلى مرونة الاستخدام الجزئي أو المؤقت لكوادر العمل المؤتمت في ورش محدودة. إن مثل هذا النمط من الاستخدام يُفاقم الاستقطاب الطبقي ويزيد من تعطيل نسب

دولية جديدة بين الشمال والجنوب وداخل المجتمعات الشمالية بالذات. قسمة تنذر بتوترات تعجز الأحزاب والنقابات عن تأطيرها وتقنينها فتنفجر بشكل انتفاضات أخلاقية طارئة سواء حول مسألة أمن الطفولة كما حصل في بلجيكا (1977) أو حول مسألة التقصير في رعاية الشبيبة في المدارس الثانوية في مطلع كل سنة دراسية في فرنسا (1995ـ1997 و1999) أو حول مقتل شرطي في الولايات المتحدة أو ما شابه أو حول مبدأ ضحايا صدام القطارات المخصخصة في محطة بادنغتون اللندنية أوكتوبر(1999)حيث انفجرت التعليقات الصحفية في انكلترا احتجاجا على تغليب مبدأ الربح على مبدأ سلامة الناس في مراقبة وتغطية انطلاقات وتقاطع اتجاهات القطارات وهذا ما دفع ريموند بار[2] رئيس وزراء فرنسا سابقاً والاقتصادي المشهور إلى الدعوة لإعادة التفكيرفي خصخصة القطارات والكهرباء والحذر من ادلجة الخصخصة لدى المحافظين البريطانيين.

إن هذه التوترات تدفع قائداً نقابياً فرنسياً (مارك بلاندل) في اتحاد نقابي وسطي (F.O) إلى الاستنتاج بأن "السوق يحكم والحكومة تُدير" وتدفع رئيس البنك المركزي الألماني إلى القول بأن "الأسواق تحاسب المتخلف لأن رجال السياسة هم اليوم تحت رقابة الأسواق المالية".

أجل إن المهمشين في مجتمعات الغنى في الشمال باتوا ينفعلون كجماهير "ويميلون إلى الفوضى" على حد تعبير (Ignacio Ramonet) في جريدة اللوموند ديبلوماتيك. أو إلى "حركات اجتماعية كالتي شهدناها في أعقاب الحرب العالمية الثانية وسنشهد المزيد المتعاظم من الارهاب والعنف "اذا لم تخلق الثقة مع الأجراء ويُنظَّم التعاون بين الشركات لتشعر المجتمعات أو الجماعات المحلية أو المدن بأنها تستفيد من العولمة" على حد تعبير المديرة السابقة لمجلة "هارفرد بيزنس" (Rosabeth Moss Kante).

وجدير بالذكر أن الرأسمال المدوّل ولأي مراكز شمالية انتمى، إنما يهرب من كلفة العمالة وقدرتها الضاغطة والتفاوضية في الشمال إلى كلفة العمالة الآسيوية وغير الآسيوية التي تكاد تصل في أحسن الأحوال إلى عشر كلفة

العمل في فرنسا وأوروبا. وهي عمالة يمكن التحكم والتواصل مع ورشها إلكترونياً مهماً بعدت قارياً، وقد لوحظ فقدان مئات الآلاف من فرص العمل في صناعة الألبسة التي انتقلت خلال السنوات الاخيرة من بلدان الاتحاد الاوروبي والولايات المتحدة إلى بلدان آسيوية. ويقصد الراسمال المعولم عندما يهاجر إلى الجنوب الآسيوي وغير الآسيوي إلى الإفادة من قدرات الحكومات المحلية على ضغط الأجور ومداخيل العاملين المباشرة وغير المباشرة وإلى الإفادة من هيمنة المؤسسات التقليدية والمرجعيات المحافظة والمستفيدة من التخلف في المجتمعات والثقافات المحلية.

وكما ويتوجه ذلك الرأسمال إلى المناطق الحرة التي تُفتتح إغراءً له، لوحظ أن "الاستثمارات الخارجية المباشرة " (FID) للدول الغنية يتوجه منها حوالى الثلث إلى بلدان الجنوب لتُستثمر في 850 منطقة حرة تعتمد في تشغيلها على الأيدي العاملة الرخيصة من الشباب المبتدئين المتخرجين من أنظمة التعليم ومن النساء.

إن الظروف الجديدة لتدويل الإنتاج والإستهلاك والإتصال تتميز عن ظروف ما قبل السبعينات: فقد وفرت ثورة المعلوماتية والإتصالات للرأسمال المتعدي الجنسيات شروط استغلال أعمق لشعوب الاطراف في الجنوب ووفرت له، بالإضافة إلى ذلك، فرصاً كبيرة للتفلت من التزاماته الرعائية الاجتماعية في بلدان المراكز الشمالية. وبهذا يكون قد فاقم من افقار المزيد من الناس في الشمال كما في الجنوب وأدى إلى انفعالات تتراكم متراوحة بين التعنصر المتوسع هناك والتقاتل المتوسع هنا. ولابد من الاشارة إلى أن تكنولوجيا الاتصالات والمعلوماتية التي استثمرها ويستثمرها الرأسمال المدوّل في فرض الهيمنة الثقافية وتسويغ الإذعان والتكيف لدى شعوب الجنوب اصبحت هذه التكنولوجيا بالذات، اليوم وأكثر من أي يوم مضى، مسرح مغالبة عصي على احتكار رأس المال: وباتت هذه التكنولوجيا الشيطانية فاعلة في إبراز التناقض الرئيسي الذي يقوم عليه قانون السوق في سيناريوهاته الراهنة وفاعلة في إبراز

المواجهة في الشمال والجنوب في مقابل الإنفعالات المتعنصرة التي توفر لها احتكارات الإعلام وفضائياتها فرص التأجج والإنتشار.

ويؤشر على مثل هذا التدويل الإحتكاري للإعلام قدرته على البث عبر 500 قمر اصطناعي على أكثر من مليار شاشة تلفزيون في العالم. ونذكر هنا أن أحد أباطرة الإعلام المدوّل الإوسترالي روبرت ميردوك يملك في هونغ كونغ محطة إرسال بواسطة الاقمار الاصطناعية (Start T.V) تغطي من الخليج العربي إلى كوريا. تبث هذه المحطة عن ضرورات الإندماج في "الاسواق الحرة الرؤوفة". كما تبث عن فرص الازدهارالرأسمالي وعن أجهزة الامن الذكية وعن رفاهية الحياة الامريكية وعن يوبيلات النماذج التي وسع من شهرتها الاعلام المدّول منذ عقود في الدمى (كلعبة باربي) وعن عوالم الصور المتحركة للحيوانات الذكية (الهر توم والفأر جيريـ والكلب سكوبي دو) وسواهما. وعن البرامج والإنشطة التفصيلية للدورات الاولمبية في عام 1996.

أن تلك الفضائيات الإحتكارية التي تزعم انها حامية الشفافية لم تعرض امام شباب العالم وأطفاله ما اضطرت اليه شرطة أتلانتا في الولايات المتحدة الأمريكية عندما نظفت شوارع المدينة من المتسولين والمتشردين السود والملونين لكي لا تنقل صورهم إلى العالم. وهي في حرصها الدائم على ترسيخ نموذج "الرفاه الامريكي" في مخيلة اطفالنا وشبابنا لم تعرض مرة كيف أن الناس في كاليفورنيا لا يثقون بجهاز البوليس الحكومي وهم يدفعون لشركات ومقاولي الأمن الخاص ما يزيد عن اجمالي اكلاف الامن الرسمي.

I ـ التأثيرات المتناقضة للعولمة
في مجتمعات الجنوب

1ـ التأثيرات الاجتماعية-الاقتصادية
لناجمة عن تدويل الإنتاج

والإستهلاكي والإعلامي لم يهدف مطلقا إلى تبرير حكم قيمي يدينها فيدين، في الإجمال الإنجازات التاريخية للعلوم والتكنولوجيا بذريعة ان مجتمعاتنا كانت المغبونة في تحققها أو في استثمار منجزاتها. كما وإن رصدنا لظواهر العولمة لم يهدف مطلقا إلى تبرير حكم قيمي معاكس وأكثر خمولا فكريا بذريعة الواقعية ومحاربة الطوباوية. فيرى في عظمة الإنجازات التاريخية للعلوم والتكنولوجيا ما يسوّغ لقانون حرية السوق النيوليبرالية، الذي يوجه هذه الانجازات ويستثمرها أن يكون القانون الطبيعي والوحيد لتحقيق التقدم والرفاه. وكأنما لا بد لتحقيق ذلك من التضحية بحقوق اولية لإكثر من ربع البشرية وبحقوق اساسية لأكثر من اربعة أخماسها. فالمليار الاغنى في العالم الذي كان يستحوذ عام 1960 على 30 ضعفاً مما يستحوذ عليه المليار الأفقر أصبح يستحوذ في نهاية القرن على 61 ضعفاً".

نحن نرى أن قوى الرأسمال المدول التي أسهمت إسهاماً عظيماً في تحقيق الثورة العلمية التكنولوجية باتت من خلال احتكار مردود منجزاتها، تراكم احتياطاً ماليا يتزايد بنسبة 6% سنوياً ولا تجد مجالات آمنة لتثمير اكثر من نسبة 3.2% سنوياً. ويبرز ذلك في الوقت الذي تفتقر فيه بلدان كثيرة لتمويل مشروعات استراتيجية في مجالات البنى التحتية الضرورية. ولا تلقى طلباتها تجاوباً رغم تقبلها لتنازلات كبيرة تتناول إعادة هيكلة اقتصادياتها وتقبلها لتأهيل إداراتها وتشريعاتها، باتجاه الانضمام إلى منظمة التجارة العالمية.

وتذهب هذه المنظمة في طلب التنازلات إلى حد فرض شرط القبول" بتطبيق بند الشرط الاجتماعي الذي يفرض رفع حصة الاجور وكلفة الضمانات الاجتماعية للعاملين في بلادنا ليس دعماً لحقوق المأجورين الوافدين من البلدان الفقيرة بل لأن رفع هذه الاجور سيقربها قدر الامكان من مثيلاتها في البلدان الصناعية. وبهذا الشرط ذي الطابع الانساني ظاهرياً تكون اتفاقية الغات قد عطلت فعلياً امام صادرات البلدان المنخفضة والمتوسطة التنمية البشرية ومنها

وتجدر الاشارة إلى انه بالرغم من تقبل البلدان العربية لكل المساومات المذكورة آنفاً الا انها لا تحظى في المقابل الا بنوع من الاستثمارات الخارجية المحدودة والمقتصرة على المشروعات الاكثر توفيراً لسرعة دوران راس المال وللربح الأكبر. وقد لوحظ أن الاستثمارات الخارجية المباشرة (FID) التي كانت تتوجه عام 1914 إلى البلدان النامية بنسبة 63% إلى القطاع الاول (في الزراعة والاستخراج) تراجعت في نهاية القرن الحالي إلى ما نسبته 20% متحولة إلى الخدمات السياحية والاستشارية والمعلوماتية والصناعات التركيبية.

2 ـ التأثيرات الاجتماعية الناجمة عن التدويل لاعلامي والثقافي

قد يكون الاسهام العظيم للرأسمالية الاحتكارية المدوّلة قد أتاح الفرص لحوالى 50 مليون شخص للدخول سنوياً على شبكة الاتصال واتاح عام 1999 اختراع الكابل الليفي الضوئي ليحمل 5 . 1[3] مليون مخابرة في آن معاً بعد ان كان الخط الهاتفي لا يتسع عام 1960 لأكثر من 138 مخابرة في الآن معاً. هذا الكابل الضوئي العظيم الذي يتيح اليوم الفرص للدخول وعبر 200 مليون كومبيوتر على 43 مليون مصدر عالمي للمعلومات بات يسهم اليوم اسهاماً سلبياً عظيماً في تحويل الناس، في مجتمعات المراكز الغنية كما في مجتمعات الأطراف عامة والنفطية العربية منها خاصة، إلى مستهلكين تُلبى طلبات البعض بينهم عبر التجارة الالكترونية بواسطة الانترنت. وبمثل هذه السرعة المتوفرة في مجال التعريف بالصفقات الاستهلاكية وعقدها وتوصيلها آمنة إلى المستهلكين كان لهذه الشبكات اسهاماً عظيماً في نقل المشاهد اليومية للانتفاضة الفلسطينية ولمظاهر وحشية القمع في تكسير عظام الطفل الفلسطيني الذي اظهرته تكنولوجيا الإعلام الاحتكاري المدوّل على شاشات العالم بطلاً عصياً على المساومة والاذعان.

كما وأسهمت احتكارات هذا الاعلام في اضعاف المعنويات الداخلية

أن الإسهام الأكبر الذي وفرته اجهزة "الشيطان الأكبر" الإعلامية للسلطات الإيرانية الجديدة كان قد تمثل في ما أملته الفضائيات من الأهمية السياسية الداخلية والخارجية لاستبدال الشاه بنظام أكثر إحراجاً للاتحاد السوفياتي على بواباته الاسلامية وغير الاسلامية في الجنوب والشرق (تركمانستان واذربيجان وأرمينيا وجورجيا وبحر قزوين). إنه إسهام ما لبث ان تحول سلبياً عندما رصد ونشر التفاصيل اليومية لنقاط الضعف في التحالف المتوتر الحاكم في الجمهورية الإسلامية الإيرانية.

ولا ننسى أن شبكات الإعلام الإلكتروني التي تحاصر الحركات الاسلامية الملاحقة في بعض الانظمة العربية وتصفها بالارهاب تتيح لهذه الحركات بالذات الافادة من سرعة خدماتها للتواصل عبر الفاكس والبريد الالكتروني أو عبر مواقع خاصة بها على شبكة الانترنت أو تتيح لها الافادة من سرعة اعلامها الذكي في كشف نوايا وتدابير الانظمة الحاكمة في ملاحقتها، وهذا ما يحرج حكومات الاصلاح الهيكلي كما حصل في منتصف شهر اوكتوبر 1999 عندما اعتقلت الشرطة المصرية القيادات السياسية والنقابية للاخوان المسلمين لتؤثر على امكانياتهم الانتخابية في العودة ثانية إلى الفوز بانتخابات نقابة المحامين المصريين التي سبق للحكومه واوقفت نشاطها لنفس السبب عام 1996. أو كما حصل لقادة حماس الذين اعتقلتهم السلطات الاردنية بعد عودتهم من طهران، ثم ما لبثوا أن استثمروا التكنولوجيا الإعلامية المتطورة في قيادة حملتهم الإنتخابية التي مكنتهم من الفوز بغالبية أعضاء المجلس التشريعي الفلسطيني خلال العام 2005.

بهذه الشفافية ذاتها يوسع الاعلام المدّول الآثار السلبية لظواهر الاباحية المتوسعة عبر البرامج المنقولة على أكثر من 500 قمر اصطناعي، أو بنقل غير مألوف لحياة وعلاقات حوالى 5 ملايين سحاقية و 3 ملايين لواطي في الولايات المتحدة الامريكية، أو لخدمات البغاء الذي يمارس مع مليون طفل. هذه الخدمات التي يتقصدها مترفون من امريكا وأوروبا في سياحاتهم وتجوالهم في

وبمثل هذه الشفافية ينقل الاعلام المتعولم التحركات المطلبية لـ"جمعية الاهل اللواطيين والسحاقيات" (A.P.G.L- Assoc. des parents des gays et lesbiennes) الفرنسية، وهي تتوجه إلى البرلمان الفرنسي مطالبة ان يتضمن "الميثاق المدني للتضامن" (PACS- Pacte civil de solidarité) أو قانون العائلة في فرنسا اعترافاً بالمساكنة بين مثليي الجنس، ومساواه لهما مع حقوق الاهل أو الازواج المختلفي الجنس ومنها الحق باهليتهما بتبني الاطفال ورعايتهم. والجمعية المشار إليها ترى أن تاريخ المجتمع المدني في فرنسا يمكن أن يسمح بشرعنة ما لا تقره الطبيعة(4).

بفضل هذه الشفافية ينقل الاعلام الاحتكاري المدوّل فجورات وإباحيات ومبررات لضرب المدنيين في العراق كما ينقل مآسي تعيشها الفئات المعرضة والمهمشين وينقل عن انتشار السيدا والمجاعات والتشرد والعنف وتفكك الاسر والادمان والفساد الإداري ومآسي اطفال العراق وغيرها وغيرها في 4 اخماس البشرية. ويباهي عتاة الليبرالية الاقتصادية بأن الانفتاح الاقتصادي هو السبيل الوحيد للتقدم وفي تقديرنا ان هذه الليبرالية الاقتصادية المنفلتة عالمياً ما كان يمكن لها أن تتكامل اعلامياً إلّا بتوفر شرطين:

1 ـ شرط سياسي يتمثل بانهيار النموذج السوفياتي وتراجع سياسات الذيموقراطية الاجتماعية في أوروبا الغربية الذي كان يشكل احراجاً للرأسماليات الغربية وما استتبعه من تراجع في الطروحات والاطر الحزبية والنقابية الراديكالية المركزية وغير الديموقراطية المتحالفة معه. وهذا ما سمح للحكومات الراسمالية وفي طليعتها الولايات المتحدة بكشف الغطاء، ومنذ مطلع التسعينات خاصة عن نقاط الضعف الاجتماعية والسياسية في مجتمعاتها وفي الانظمة الحليفة لها بعد تضاؤل اخطار استثمار هذا الكشف من قبل الأنظمة الشيوعية والمعادية لها.

2 ـ شرط تكنولوجي يتمثل بتحقق الموجة التكنولوجية الثانية المتمثلة باكتشاف واستثمار الفاكس والأنترنت.

II ـ تأثيرات العولمة في البلاد العربية
وأطر التعامل معها

1 ـ التأثيرات الاقتصادية ـ الاجتماعية وتجسداتها

منذ مطلع السبعينات اخذت موجات التكنولوجيا الالكترونية تحول المجتمع الصناعي إلى مرحلة النمو الكمي من دون أن تزيد في فرص العمل. ووفرت للرأسمال الإحتكاري المتعولم خلال هذه العقود الثلاثة فرصاً واسعة لعولمة احتياطية من العمالة الجنوبية الرخيصة. واستثمر هذه العمالة في إنتاج فائض قيمة لا سابق له. لم يقترن هذا التحول في احتياطي العمالة بنمو اقتصادي في معظم بلدان الجنوب ومنها البلاد العربية: وذلك لأسباب منها عدم اكتمال الشروط الامنية والسياسية والتشريعية والفنية المطلوبة لخلق الجو الاستثماري الجاذب على الرغم من إتساع اسواق الاستهلاك وقرب مصادر الطاقة، فقد تفاقمت خلال العقود الثلاثة الاخيرة بالذات الاختلالات في التوزع السكاني(7 بلدان من مجموع 16 بلداً عربياً تتوفر الاحصاءات عنها في تقرير التنمية البشرية[5] تقل فيها نسبة سكان الريف عام 2002 عن 20% وتقل في 7 بلدان منها عن 50%) وتفاقم العجوزات الغذائية والتجارية والمديونية التي راحت تساوي ما نسبته 6.52% من اجمالي الناتج المحلي. وقد بلغت عام 2002 كلفة خدمتها نسبة تقارب 7%[6] من اجمالي الصادرات في بلدان الشرق الاوسط وشمال افريقيا.

في هذا السياق شهدت هذه البلدان العربية خلال الثمانينات والتسعينات توجهات متدرجة نحو تحرير التجارة واعادة الهيكلة القطاعية ونحو تخل محرج للدولة عن رعاية التوازن الاجتماعي ورعاية توزيع الفائض الاقتصادي وحماية الطبقات الشعبية وفي مقابل دينامية تعطيل تدخل الدولة في حماية اقتصاديات مجتمعاتنا الطرفية كانت العولمة تدفع بدينامية معاكسة تتمثل بالإرتقاء النوعي في تدخل الدولة في المجتمعات الشمالية الغنية.

وقد حصن هذا الإرتقاء الاقتصاد الياباني في مواجهة ازمته النقدية بينما فرضت مراكز النفوذ المالية في العالم (ومنها صندوق النقد الدولي خاصة) على حكومة تايلاند الأفقر تخفيض مستوى التدخل وبالتالي تعويق مستويات نموها ومنافساتها. هذه الحكومة التي انشغل الاعلام المتعولم بمحاكمة نائب رئيسها بتهمة اعتبرها الأبرز وهي اللواط.

وهكذا تصبح إمكانية التدخل الاقتصادي للدولة متناسبة طرداً مع مستوى نموها ويفرض على الدول الأفقر أن تختزل تدخلها بتناسب طردي مع عمق الاصلاحات الهيكلية المفروضة على اقتصادها ومجتمعها. ونخلص إلى القول بأن الرأسمال المتعولم أو المدّول لا يعمل على انسحاب كلي للدولة بل هو يطلب منها في الشمال الغني ان تتحول إلى دور أرقى واعقد في فرض وتحصين وشرعنة تدويل الإنتاج والإستهلاك وتحرير حركة الشركات متعدية الجنسية بين منشئها ومقرات فروعها وأسواقها، ويطلب الرأسمال المعولم من الدولة العربية، كما يطلب من كل دولة فقيرة في الجنوب، ضبط مجتمعاتها التي يفلت فيها الزمام السياسي المعارض وأن تعمل على تدجين النقابات والاحزاب لضبط الانفعال الأخلاقي والروحي والثقافي للجماهير المهمشة. وتستعين بالإعلام الفضائي لإزاحة وعي هذه الجماهير عما يصيبها من فعل آليات تدويل الاستغلال الرأسمالي إلى الانفعال على الاختلاف الثقافي مع المجتمعات الغربية. وقد أشرنا سابقاً إلى أن تكنولوجيا الاتصال الالكتروني لا تحرم الانفعال الجماهيري من أفضالها في تسهيل التعبئة والانتقام الموصوفين بالارهاب.

المراجع:

1 _ _ Michel Lallement «Histoire des idées sociologiques» ed. Circa Armin Colin 2ème ed., Paris 2005, pp140-146.

2 _ Voir Raymond Boudon: «La logique du Social», Paris Hachette,

3 ـ راجع نص بعنوان «La société comme forme et comme différence» من دورية «Sociétés»، عدد 61 الصادر في باريس عام 1998، ص ص 27-29.

4 ـ Bernard KASSEN «Mondialiser le libre échange» in le monde Diplomatique-serie Manière de voir, NO Senarios de mondialisation, pp. 82-83.

5 ـ «Le Monde-édition internationale» NO :2658, 6-13 Octobre 1999, page 2.

6 ـ دراسة د. عاطف عبد الله قبرصي "التنمية البشرية المستدامة في ظل العولمة: التحدي العربي"-الاسكوا-1999.

7 ـ Le monde, Selection hebdomadaire, 1-6 octobre 1999.

8 ـ تقرير التنمية البشرية الصادر عن "برنامج الامم المتحدة الإنمائي 1998" ص.ص. 174-175.

9 ـ تقرير التنمية البشرية للعام 2004، صفحة 201.

الفصل الثاني

الإفقار والفقر والبطالة

لمحة تاريخية

لن نعود في تاريخ الفقر والغنى إلى مجتمعات الماضي السحيق حيث كان يسود الإنتاج السلعي البسيط وسنكتفي بالعودة إلى القرون القليلة الغابرة التي شهدت تشكل اقتصاد السوق الرأسمالي. هذا الاقتصاد الذي اتسم بأبعاده العالمية بعد أن توفرت له الطاقة الآلية، وخاصة في الملاحة، لاستعمار الاسواق في مجتمعات بعيدة عن أوروبا الغربية. وترافق تشكل هذا الاقتصاد بتقسيم عالمي للعمل بين المجتمعات المركزية الصناعية من جهة وبين المجتمعات الطرفية التي تعتمد على مزايا طبيعية لإنتاجها الزراعي أو الحرفي أو على ريوع ثرواتها الباطنية من جهة أخرى. ونجم عن هذا الإستعمار تراكم للرأسمال والنمو في المجتمعات الأولى وتفاقم لتشويهات الهيكليات القطاعية في المجتمعات الثانية. وكان أن ترسخ في المجتمعات المستعمَرة التي استقلت بعد الحربين العالميتين تخلع في نمو القطاعات والمناطق تمثل في تدهور متواصل للإنتاج الزراعي ونزوح متسارع من الأرياف يتحاشد في بعض حارات المدن وضواحيها. إنه تحاشد تعجز قطاعات الخدمات والتصنيع والوظيفة العامة عن استيعابه في عقود قليلة، بينما تمكنت قطاعات الإنتاج ومدن المجتمعات الصناعية الأوروبية من الإستيعاب التدريجى للنازحين الفائضين عن حاجات

وبرزت أشكال مختلفة من البطالة في البلدان المستقلة بعد الحرب العالمية الثانية بعد أن شهدت مجتمعاتها تزايداً في معدلات النمو الديموغرافي وتعثراً بيروقراطياً في تنمية مستقلة لمواردها الطبيعية والبشرية. تعثر، تمثل وما زال على صعيد تشجيع الإستثمارات الموفرة، لنمو متناسب لفرص العمل مع فائض السكان عن الزراعة ولما يتولد عن تزايد معدل البالغين سنوياً لعمر العمل. وفي مثل هذه الظروف المستديمة تترسخ ثقافة التكيف مع الفقر في البيئآت الاجتماعية التقليدية ليصبح الفقر أحياناً كثيرة "قدراً مكتوباً" لا يخفف من وقعه النفسي ـ الاجتماعي على الناس إلّا إيمانهم بعدالة السماء.

وتجدر الإشارة إلى أن ترسخ ثقافة التكيف مع الفقر هو الذي يرجح غالباً استهوان الفقراء لمواصلة إندماجاتهم في الأطر القرابية والطائفية التي ترعاها التنشئة العائلية. هذه التنشئة الذكورية التي تحصل بمشاركة رئيسية من النساء اللواتي لم يتجاوز معدل معرفتهن للقراءة والكتابة في عمر 15 سنة وأكثر ما نسبته 60% في 5 بلدان عربية (الجزائر، السودان، المغرب، اليمن ومصر)، ويُشكلن حوالى 3/2 من إجمالي النساء البالغات في 22 بلداً عربياً. علما ان نسبة سكان الأرياف في هذه البلدان الخمسة تراوح بين 40 و75% من إجمالي سكانها[1].

إن ثقافة التكيف مع الفقر لا تعني بالضرورة أنها ثقافة الوهن والإذعان للأقدار لدى كافة الأجيال. وأن وصول ثقافة الإعلام الإستهلاكي المعولم إلى كل بيت متزامنة مع ارتفاع معدلات البطالة بين الشباب في الأرياف، ولا سيما في الضواحي المحتشدة يخلقان مناخات مقلقة من الإرباك والإحباط ملائمة أحياناً لتقبل سلوكيات الإدمان والتهريب والإجرام ومخاطر الهجرات السوداء، وملائمة في احيان اخرى لتقبل التحزب الأصولي التكفيري وشبه التكفيري. هذا التحزب الذي يتحصن ببناء شبكات الرعاية الاجتماعية الموازية حول الجوامع المصادرة. ويعبىء الشباب ممن ضاق بهم سوق العمل وضاقت بهم أفق الحياة، وباتوا ينتظرون موعدهم مع الفرج في مجتمع ديني مُطهر من الفساد لا

وهنا نذكّر بان التعطل عن العمل وخاصة في العائلات المتواضعة الدخل أوتلك التي تعيش على أجور العاملين فيها وخاصة في المدن يحوّل الفرد من منتج مبادل ومفضل على محيطه بعائد تعبه إلى فرد يحتاج إلى الإعالة ولو مؤقتاً. وغالباً ما يترافق ذلك لدى الشباب بتوترات مخلة بموقعه وبدوره العائلي والاجتماعي. وهذا ما يدفع إلى إنحرافات شرسة تصل أحياناً إلى الإذعان لدعاوى ايديولوجية وطائفية متطرفه وإلى مزاج ميليشياوي متعنصر يترافق لدى متوسطي الأعمار بميول تصعّب من تكيفه مع من يحيط به. وقد دفعت سلبيات التعطل المستديم عن العمل الدول الأوروبية بعد الحرب العالمية الثانية للتصدي لها وإصدار التشريعات المنظمة لشبكات الضمان الاجتماعي. وارتكزت هذه التشريعات في انكلترا على تقرير شهير لوليام بفريدج (W.Beveridge) الذي فصّل دراسة الأشكال الملائمة للحماية الاجتماعية للأجراء وضرورة المحافظة على القدرة الشرائية للعاملين وعلى الكفاية المعيشية للمأجورين المتعطلين. ومثلت تلك التشريعات مضامين مفهوم دولة الرعاية. هذا المفهوم الذي يتحول اليوم من تعهدات والتزامات الدولة إلى تعاقدات متدرجة بتعهدها القطاع الخاص للتأمين ولا سيما بعد التحول عن مفهوم العمل الدائم إلى مفهوم العمل المؤقت (Précarité) بحجة التخفيف من أكلاف قوة العمل في السلعة الأوروبية لتمكينها من منافسة أسعار السلعة الأمريكية أو الآسيوية.

حدود الفقر

برز السجال منذ القرن التاسع عشر في أوساط الفلاسفة الاجتماعيين بين طرحين رئيسيين حول الفقر:

- طرح يميل إلى البروتستانتية ويرى أن الفقراء هم المسؤولون عن فقرهم وقد عبر الاقتصادي الانكليزي توماس روبرت مالتوس (Maltus 1834_1766) عن ذلك بقوله: "إن الفرد لا يستحق الحياة عندما لا يكون قادراً على شراء حريته بعمله".

يعود إلى طبيعة النظام الاقتصادي والاجتماعي الذي يعيشون في ظله. واذا كان الطرح الأول قد ساد حتى ما بعد عشرينات القرن العشرين في ظل الرأسمالية التنافسية الليبرالية اللاتدخلية في الاقتصاد والسوق إلّا أن هذا الطرح بالذات عاد إلى الواجهة مع ثمانينات القرن العشرين بعد انهيار الأنظمة السوڤياتية وسيادة ايديولوجية الليبرالية اللاتدخلية من جديد.

واليوم يتمثل التطور في الأبحاث الاجتماعية ـ الاقتصادية والثقافية حول الفقر المادي الملموس والمرئي في التمييز بين مستويين من مستويات العيش فيه قابلين للقياس الكمي وهما:

- **مستوى الفقر المطلق** ويشمل الأفراد الذين تتدنى قدرات مداخيلهم الشرائية محلياًعن أكلاف ضروريات الكفاف الأدنى لبقائهم على قيد الحياة (الطعام والسكن والملبس). ومن نافل القول أن قياس هذه الضروريات المادية يختلف في الواقع بين مجتمع تتوفر فيه الرعاية والضمانات الاجتماعية وبين مجتمع آخر لا يتوفر فيه أكثر من الإغاثة الخيرية أو بين محيط عيش ريفي وآخر حضري أو بين عاملين في الورش الصعبة وعاملين في خدمات المكاتب الناعمة أو بين عمر وعمر آخر. إن مثل هذا النوع من الفقر البشري يمكن أن يُلاحظ، وإن بأشكال مختلفة المظاهر وبمآس متفاوته الحدّة في ماضي المجتمعات كما في حاضرها.
- **ومستوى الفقر النسبي** ويشمل الأفراد والجماعات الذين تتدنى مستويات قدرات مداخيلهم الشرائية محلياً، وبالتالي مستويات معيشتهم، عن مستوى المدخول والمعيشة المتوسط في مجتمعاتهم. هذا المستوى الذي يتجاوز حاجات العيش المادي التي باتت ضرورية (غسالات، برادات وتلفزيونات...الخ) إلى حاجات مستجدة تدخل أكثر فأكثر في نطاق الضروريات بحسب غنى الجماعات والمجتمعات (السيارات، الترفيهات السياحية، التلفونات الثابته والمحمولة وصولاً إلى الكمبيوتر والدخول على شبكة الأنترنت...الخ). وكثيراً ما يؤدي تيار الثقافة الإستهلاكية المعولمة إلى إغراء العائلات التي تعيش على خطوط الفقر النسبي إلى الطموح للحصول

مثل هذا الإغراء ينعكس في سلبيات أخطر على توازن العيش والعلاقات العائلية في أوساط الفقر المطلق المشار إليه أعلاه.

أما على صعيد الفقر الثقافي الاجتماعي غير المادي وغير المرئي والملموس فيتعذر قياسه كمياً إنطلاقاً من مستويات المداخيل وقدراتها الشرائية محلياً، ولا نلاحظ معالمه النوعية إلّا في المعايشة والأبحاث وعلى هذا الصعيد يمكن أن يميز الباحث بين المقبول في وعي الفقراء السالب والمتكيف بفعل الأدلجة الدينية التقليدية لفقرهم، وبين المطلوب في الثقافة اليومية لنخبهم الناقمة والمتحضرة لتجاوز هذه الحدود باعتبارها مفروضة بفعل آليات النظام الاقتصادي الاجتماعي. وهذا ما لا يتم تحديده وقياسه من خلال الإستبيانات حول الدخل والإنفاق بل يمكن استقصاؤه بالمقابلات المنوعة حول ترتيب الفقراء لأشكال حرمانهم وحول مشاعرهم وانفعالاتهم اتجاه فجوة الفقر بين جماعاتهم بالقياس إلى خطوط الفقر الدنيا والعليا (المطلق والنسبي) من جهة وحول ما يُسمى «بشدة الفقر المقاس بين مستويات العيش داخل الجماعة الفقيرة»(2).

عولمة الإستثمارات والبطالة والفقر

تختلف تركيبة أسواق العمل وقدراتها الإستيعابية لمن هم في سن العمل (15 ـ 65) بين البلدان الصناعية الغنية والبلدان الفقيرة المتخلفة على طريق النمو: ففي الأولى قدرات متضاعفة على جذب الإستثمارات المتحركة سنوياً في العالم ومنها فوائض الريوع النفطية العربية. ولا يتوجه إلى البلدان العربية أكثر من 1% من الحركة العالمية للإستثمارات. يذهب 5% منها إلى الموارد الطبيعية النفطية ويذهب القسم الباقي إلى الأسواق العربية ليستثمر فيها مستفيداً من قدراتها التسويقية ومن التدابير التشجيعية على التصدير. وإن مثل هذه الإستثمارات غير واعدة لخلق كثافة فرص عمل عالية لاستيعاب البطالة في تلك الأسواق..إن الظروف الملائمة لمضاعفة الإزدهار في الاقتصاديات الصناعية

العلوم والهندسة. وتصل نسبة مساهمة هذا الرأسمال العالي الجودة في النمو إلى حوالى 64% في الوقت الذي تقتصر فيه مساهمة رأس المال المادي والطبيعي إلى حوالى 36% فقط[3] ان عولمة حركة الاستثمار واستباحة الاسواق في البلاد العربية ومنافسة القطاعات السلعية الكثيفة العمالة فيها تساهمان في رفع معدلات البطالة المعلنة في البلدان غير النفطية ووفق تعريفات غير شاملة إلى ما بين 15 و25% من السكان بعمر العمل يضاف اليهم سنويا حوالى 6 ملايين شاب يصلون إلى سوق العمل. في مقابل هذا التدهور لفرص العمالة العربية تظل معدلات البطالة في البلدان الغنية الجاذبة للاستثمارات وللادخارات النفطية محصورة بين 5 و12% على الرغم من توسع خروج المستثمرين إلى اسواق العمالة الرخيصة في البلدان الاسيوية.

تراجع دور الدولة في مواجهة الفقر والبطالة

نذكر بداية بأن تدهور نماذج التنمية العربية سواء منها تلك التي أُديرت في بعض البلدان العربية، خلال الربع الثالث من القرن العشرين، بتخطيط مركزي مباشر من الدولة أو تلك التي أُديرت في البعض الآخر منها بتوجيه جزئي، لم تنتج من الفساد البيروقراطي والزبائني. ولم تنجح في بناء الاقتصاد والسوق القوميين. وانتهت منذ الثمانينات الماضية إلى تفاقم في العجوزات الاقتصادية الكلية وإلى تراكم في المديونيات. وهذا ما فرض على حكوماتها تقبل الانتقاد، الذي تزايد خاصة بعد الإنهيار السوڤياتي، من مراكز القرار في التمويل الدولي (البنك الدولي وصندوق النقد الدولي بالإضافة إلى الصناديق العربية). وقد تركز هذا الانتقاد على مواضع الهدر في توجهات الحكومات التي تدعم خدمات الرعاية الاجتماعية وتنشيء البُنى التحتية للخدمات الأساسية (في التعليم والصحة والإسكان والضمانات الاجتماعية ودعم المواد الإستهلاكية الأساسية). وينتهى الانتقاد والمفاوضات إلى ضرورة تقبل الحكومات لدخول منظمات القطاع الأهلي، أو ما يُسمى بالجمعيات التطوعية، كطرف ثان وأساسي في تشخيص

للتخفيف من فقرها (Poverty alleviations). وذلك لاعتبار أن تلك المنظمات بحكم الطبيعة الطوعية الشفافة والمرنة، المفترضة نظرياً، في تكوينها وأدائها هي أقرب إلى الناس وأقل فساداً.

لن نعود إلى مناقشة هذا الإفتراض الذي سبق وفصلنا له في فصل سابق ولكن لا بد هنا من أن نُشير إلى استمرار النهوج السياسية والإدارية ذاتها التي بقيت عاجزة عن توفير الفوائض الترسملية لاستثمارها في خطط وبرامج تحقق التكامل في تنمية القطاعات الإنتاجية والمناطق. ولذلك لم تتوفر للتدخلات الرعائية والتنموية المحلية للجمعيات الأهلية فرص استقطاب وتطوير مزاياها المفترضة نظرياً لتتكامل في تنفيذ المشروعات المايكرو انمائية (Micro development) مع برامج وخطط ماكرو انمائية (Macro development) تتعهد الإشراف على تنفيذها وزارات ومجالس لا مركزية حكومية وأهلية مشتركة. وفي غياب فرص التكامل الإرتقائي مع الإدارة الحكومية تحولت التدخلات التنموية المحلية هي أيضاً من موضوع للهدر الحكومي إلى موضوعات للهدر الأهلي.

تعريفات البطالة وظواهرها

إن التقديرات المعلنة في البلدان العربية للبطالة لا تغطي النساء في المساعدة العائلية واللواتي لم يعملن سابقاً ولا تقاليد لهن في طلب العمل. وإذا ما أضفنا هذه الفئات إلى النسبة المُشار إليها أعلاه عندئذ يمكن رفع تقديرات البطالة إلى حوالى نصف السكان بعمر العمل.

وإذا ما عدنا إلى التعريفات المعتمدة في منشورات منظمة العمل الدولية نجد ثلاثة مكونات للبطالة:

1. من لم يقوموا بعمل مأجور ولو لساعة واحدة خلال أسبوع تحدده الدراسة الميدانية.
2. من عملوا سابقاً وهم يبحثون جدياً عن فرص عمل جديدة.
3. فئة الشباب البالغين سن العمل والباحثين عنه (والذين يصل حجمهم في

أما على صعيد ظواهر البطالة فإننا بالإضافة إلى البطالة الواضحة بالتعريفات السابقة يمكن أن نضيف:

- ظاهرة البطالة في قطاعات العمل الجزئي في الزراعة والإصطياف والتزلج مثلاً.
- ظاهرة البطالة المقنعة التي تشمل العاملين الفائضين فعلياً عن حاجة الحيازة الزراعية العائلية ولا تتغير الحاجة فيها إلى العمل إذا ما غادروها.
- وظاهرة انخفاض الطاقة الإنتاجية في العمل اليومي نتيجة تراجع الطلب على الخدمات لدى أصحاب المهن الحرة كالأطباء والمحامين والمهندسين من غير المقصودين وهذا ما يمكن أن نسميه البطالة المؤنقة.

أشكال مواجهة البطالة والفقر في تدخلات القطاع الأهلي

تتوجه منظمات القطاع الأهلي في ما يُسمى برامج تنمية الموارد البشرية وتوليد المداخيل إلى تنظيم دورات التدريب يغلب عليها في عمل الكثير من المنظمات طابع الدورات المعجلة. وقد بلغت نسبة مشاركتها في لبنان عام 2001 على سبيل المثال في التدريب المهني حوالى 30% من حجم العمل التدريبي في مراكز التدريب المهني الخاصة الذي يتم خارج المدارس الحكومية والخاصة التي تتولى التعليم المهني المنهجي. وتستفيد المنظمات الأهلية في مجال التدريب من تمويل تحصل عليه بموجب عقود مع وزارة الشؤون الاجتماعية إلى جانب مصادر التمويل الدولية والأجنبية الأخرى.

وإلى جانب مثل هذه التدخلات التأهيلية على الصعيد المهني تتدخل المنظمات الأجنبية المانحة للتخفيف من الفقر من خلال توفير فرص الإقراض الصغير لجماعات من صغار المنتجين والحرفيين والمزارعين وكذلك للنساء أو الرجال العاطلين عن العمل في العائلات المعوزة. ويتم هذا الإقراض بشروط ميسرة لجهة الضمانات من بينها تلك التي يتعهدها أحياناً أقرباء المقترض من

ذوي الرواتب المستديمة. وتتراوح أسعار الفوائد المحتسبة على القروض ما بين 8 انمائية% لدى بعض المنظمات المدعومة وبين 22% لدى بعض المنظمات التي تصر على أن تحصِّل من عوائد الفائدة أكلاف التشغيل والإدارة المرفهة في متابعاتها لسداد القروض.

وإذا كانت دورات التدريب قد حلت نسبياً مشكلة التأهيل المهني لبعض محدود من الجماعات الشبابية العاطل عن العمل إلّا أن اقتصار التدخل على هذه الحلقة وحسب يترك المقترضين يتخبطون في أسواق العمل دونما متابعة أو حاضنة أعمال ملائمة (Incubator business) تؤطرهم في مجموعات محدودة تساعدهم في الدخول إلى السوق ليباشروا أعمالهم متعاونين في ورش صغيرة وتعزز قدراتهم في المفاوضة مع أسواق التجهيز بالمدخلات أو مع أسواق تصريف المخرجات من مواد زراعية غذائية أو من خدمات الصيانة الحرفية. وفي غياب هذا النوع من الإحتضان التأهيلي للدخول إلى سوق العمل والإنتاج يُلاحظ أن كثيراً من القروض الصغيرة ولا سيما تلك التي تطلبها النساء تؤخذ لشراء حاجيات منزلية أو للصرف على حاجات طارئة دونما وصول إلى المفاعيل التنموية المقصودة وهي توليد الدخل. ويشجع المنظمات المقرضة في التوسع بمثل هذه القروض الميسَّرة غير التنموية غلبة الصدقية في سداد للأقساط المتوجبة على النساء الفقيرات اللاتي يحرصن على سمعتهن في محيطاتهن.

المراجع :

1 ــ "تقرير التنمية الإنسانية العربية" الصادر عن البرنامج الأمم المتحدة للتنمية عام 2002.

2 ــ محمد حسين باقر "قياس الفقر في أقطار اللجنة الإقتصادية الإجتماعية لغرب آسيا" سلسلة دراسات مكافحة الفقر.

3 ــ تقرير التنمية الإنسانية العربية خلق الفرص للأجيال القادمة،الصادر عام 2002 عن برنامج الأمم المتحدة الإنمائي، ص، 6.

موضوعات وقضايا خلافية في تنمية الموارد العربية

الفصل الثالث

النزوح والهجرة وتوتر الضواحي

لمحة تاريخية

تواصلت موجات النزوح الريفي إلى داخل المدن وإلى الضواحي المحيطة بها. فكانت متناسبة في المجتمعات الصناعية الاوروبية، على امتداد أكثر من قرنين، مع قدرة مدنها على الإستيعاب في سوق العمل على توفير الخدمات العامة للنازحين وعلى ادماجهم في حياة المدينة الاجتماعية وثقافتها. وكان النزوح إغراقياً للمدن التقليدية والمستحدثة في المجتمعات المستقلة بعد الحرب العالمية الثانية. فظلت على امتداد أكثر من نصف قرن عاجزة عن استيعاب عروض العمل الريفية الفائضة والمتواضعة في تاهيلها. وعاجزة عن التآلف مع الكثير من الجماعات ذات الولاءات والقيم والأذواق والأمزجة العصبوية الفلاحية المنفعلة سلبياعلى الترفه النسبي لغالبية أهل المدينة.

وقد شهدت المدن في المجتمعات الصناعية منذ نصف قرن تقريباً موجات إغراقية من الهجرات الشرعية وغير الشرعية إلى ضواحيها.هجرات أكثر فقراً وأكثر انفعالاً وتوتراً مع مجتمع المدينة الآمن في مواطنيته. هذا المجتمع الذي أخذ ينتقل من أشكال التنافر بين الطبقات حتى أواسط القرن العشرين إلى أشكال التنافر الإتني والديني داخل الطبقات بعد ذلك. مما دفع الطبقات الغنية إلى مغادرة مناطق الإختلاط وما فيها من تجمعات ما يُسمى بـ"السكن

ظروف النزوح والهجرة إلى المدن الصناعية الغنية

يُلاحظ مؤرخو العمران المديني أن خريطة هذا العمران وتحولاتها في كل مجتمع إنما تجسد خصائص التاريخ والثقافة وتحولاتهما الرأسمالية في مجالات الرعاية الاجتماعية. فالمدن الأمريكية شهدت في ضواحيها ما يشير إلى تاريخ عبودية السود فيها ممن شرعوا بالنزوح منذ القرن التاسع عشر باتجاه الشمال بحثاً عن الحقوق بالأمن والرعاية المدنية والاجتماعية. وان المدن الأوروبية المتروبولية شهدت من جهتها، في ضواحيها هي أيضاً، ما يُشير إلى ماض جمهوري وكولونيالي[1] على حد سواء. وشهدت مجتمعات هذه المدن، كما اشرنا، صراعات طبقية أفضت في منتصف القرن التاسع عشر (1948) إلى انتفاضات كسرت الحواجز السياسية وفرضت إرساء المجتمع الجمهوري والإنتخابات البرلمانية التي أعطت لنازحي الضواحي حقوقاً سياسية واجتماعية يضطر النواب الممثلون لهم فيها إلى مراعاة تطلعاتهم والتعامل معهم بصفتهم مواطنين. كما وشهدت المدن الفرنسية بعد الحربين العالميتين خاصة موجات النازحين من المستعمرات ولا سيما منهم المحاربون المغاربة والأفارقه في صفوف الجيش الفرنسي ممن توفرت لهم تسهيلات التجنس والإقامة. وذلك للتنعم بمكتسبات الرعاية التي كانت الجماهير الشعبية الفرنسية قد ناضلت لانتزاعها منذ قرن تقريباً.

وفي المقابل كانت الضواحي حول المدن الأمريكية في المجتمع الحديث في تكوينه والمتنوع في تشكله الإتني وفي تدينه البروتستانتي الغالب قد تحولت إلى أرخبيل من الغيتوات (ghettos) الإتنية المتجاورة وغير المتدامجه. غيتوات لم تسع السلطات الأمريكية، إلى قوننة ومأسسة مفهوم المواطنية المتجانسة فيها (Homogenisée) كما فعلت السلطات الفرنسية من خلال ما سُمي بـ"سياسة المدينة" (Politique de ville) التي شغلتها على الدوام... هذه السياسة التي تمثلت، حتى أجل طويل، بتوسيع الخلط الطبقي في السكن (Mixité) في تجمعات السكن الاجتماعي ذات بدل الإيجار المخفض (HLM). لقد غلبت في

تعامل الإدارات الأمريكية مع الضواحي سياسة الحفاظ على الجماعة المحلية (Communauté) التي تميل إلى إدارة محلية بالتعاون مع الإدارة المعنية في كل ولاية تاركة لكل فرد في الجماعة ان يخرج على طريقته من انغلاقه الفئوي من خلال المبادرة الفردية وفرص الحراك الاجتماعي المتاحة في الاقتصاد الأمريكي المتطور. هكذا يندمج الأفراد اقتصادياً في ظل آليات السوق المتطور ويندمجون سياسياً في ظل الدولة القوية الراعية للاقتصاد فيحرصون على الضبط الذاتي لاختلافهم الثقافي الإتني داخل جماعاتهم حتى لا يتعارض أو يخل باندماجهم في البنى الاقتصادية. هذا الاندماج الذي لا يترك فرصاً لمعارضته من ضمن الحقوق السياسية والاطر النقابية المعترف بها في فرنسا.

أما في منظور "سياسة المدينة" التي تعتمدها الحكومات الفرنسية والتي غلّبت مفهوم المواطنية (Citoyenneté) فقد استمرت أزمات الضواحي تستعر مع تكثيف موجات الهجرة التي جعلت من هذه الضواحي مناطق مختلطة إتنيا يزداد التوتر فيها ومعها كلما توسعت البطالة بفعل ميل الإستثمارات الفرنسية إلى الخروج إلى أسواق العمالة الرخيصة والإعفاءات المغرية في الدول التي توفر لها المناخات الاستثمارية الملائمة.

وهكذا تجد البطالة الاجنبية الوافدة، ولا سيما منها الشابة، إلى الضواحي الفرنسية فرص المطالبة بحقوق الرعاية الاجتماعية وفرص الاعتراض على التمييز الاجتماعي ـ الإتني بالإستناد إلى حقوق الافراد المدنية في احترام الحق في التظاهروالحق بالحماية الاجتماعية التي حققتها نضالات الطبقات الشعبية الفرنسية. هذه الطبقات التي باتت اليوم ترى في الشباب العاطلين عن العمل في الضواحي الملونة ما يزاحمها على فرص العمل وعلى صناديق التأمينات الاجتماعية المهددة بالعجوزات. فيزداد الميل داخلها إلى طرح الحركات اليمينية المتطرفة التي تستهون في خطابها السياسي التعبوي إزاحة المسؤولية عن تزايد البطالة في صفوف الفرنسيين عن كاهل اصحاب راس المال الذاهبون في سياق العولمة النيوليبرالية لصالح أرباحهم إلى بلاد العمالة الرخيصة. وترمي مسؤولية

افلاس سياسات حكومات بلدانها من جهة وبجذب غير معلن من أصحاب الأعمال في القطاعات الإنتاجية والخدماتية الفرنسية لعمالة رخيصة ليس لديها تخصص تقني عالٍ من جهة اخرى.

النزوح والهجرة إلى المدن في البلدان الفقيرة

إذا كان توسع الضواحي العمالية الحاشدة في البلدان الصناعية قد ضاعف الإحجام السكانية للمدن في أوروبا الغربية فتوسعت من حوالى 20 مليون نسمة عام 1800 ميلادية إلى 180 مليون نسمة عام 1900 فإلى 500 مليون نسمة عام 2000، الا إن توسع حدة الفقر في العواصم والمدن في المجتمعات الفقيرة زادت، هنا ايضا، من شدة النزوح لموجات من صغار المزارعين والمربين ممن أعياهم إغراق المنافسة لمواسمهم ممن غادروا قراهم إلى ضواحي العواصم والمدن. هذه الموجات التي تقدر بحوالى مليون نسمة كل أسبوع في تلك المجتمعات باتجاه الضواحي الحاشدة التي توهم بإتاحة فرص للعمل والعيش وقيم وعلاقات تتوق إليها جموع الشباب والنساء ممن تغويهم ثقافة الحداثة الإستهلاكية في الإعلام المرئي المعولم ولا تستنكرها كلها الفئات المحافظة منه.

التزايد المتوقع للأحجام السكانية لبعض العواصم بين عامي 1995 و2015 (بالملايين)

2015	1995	في بلدان صناعية	2015	1995	في بلدان نامية
9.6	9.5	باريس	2.4	1.3	بيروت الكبرى
17.6	16.2	نيويورك	14.4	9.6	القاهرة
28.8	26.9	طوكيو	2.2	1.1	عمّان
4.0	4.0	مدريد	19.3	9.7	كراتشي
9.2	9.2	موسكو	24.6	10.2	لاغوس

المصدر: «تقرير التنمية الإنسانية العربية ـ لعام 2002».

الآثار السلبية للنزوح المتفاقم على الأرياف والمدن الفقيرة

مما لا شك فيه أن موجات النزوح أدت في البلدان الفقيرة إلى تعويق استثمار موارد الريف وإلى تعويق القدرات البشرية والمؤسسية للمدن:

- **ففي الأرياف** أدى نزوح القوى الفتية من العاملين والطامحين عن أريافهم إلى تدهور الموارد الإنتاجية وإلى تدهور في جدوى استثمار وصيانة مرافق الخدمات العامة (مدارس وشبكات البُنى التحتية ومراكز صحية) وهي مرافق تُصمم عادة لتلبي حاجات السكان المسجلين في قيود الأرياف. وهنا نذكر بأن نسبة المقيمين شتاءً في هذه القرى تتراجع في لبنان، على سبيل الثل، إلى حدود الثلث شتاء وتتراجع في الصيف إلى حدود الثلثين.

- **وفي المدن** إدى النزوح الحاشد إلى إغراق مجال المدينة وتنظيمها المدني بحشودات لم تتوقعها الإدارات البيوقراطية المعنية المعرضة للافساد والضغوط الزبائنية التي يمارسها الزعماء النافذون في تعيين المسؤولين فيها. ويزيد في سلبيات التحاشد في الضواحي ما يجعلها أكثر استعصاءً على التنظيم المدني. وأكثر ملاءمة لبروز ظواهر الانفراز الاجتماعي وانتقال الفئات الميسورة والغنية من الضواحي إلى احياء اخرى داخل المدينة المخدّمة بشكل افضل لتعيش تميزها الطبقي في موزاة انتقال آخر للفئات الميسورة والغنية من اهل المدينة الاصليين من قلب احيائهم القديمة في المدينة لتعيش تميزها الطبقي والطائفي في احياء جديدة أو في ضواح بعيدة أكثر هدوءاً واقل تمظهرا طائفياً سبق وشهدوه بين حين وآخرفي بعض الاحياء أو الضواحي بسبب غلبة انسجة طائفية معينة تقليدياً على تشكلها السكاني. وقد سبق لغلبة هذا النوع من النسيج أن مهّد لأنواع من التعبئة العصبوية ولتشكيل الميليشيات لاحقاً كما حصل في الحالة اللبنانية. كما وشكل التحاشد في الضواحي المتوترة مناخاً ملائماً لبروز ظواهر الإنحراف عن القيم الإخلاقية التقليدية والدينية ومنها ظواهر الإدمان والتفكك الأسري وما يتبعهما.

لم يخفف من ارتفاع معدل التزايد السكاني لدى النازحين، ففي الوقت الذي اقتصر فيه هذا المعدل في المدن الغنية بين عامي 1960 و1992 على 1 . 1%، ارتفع هذا المعدل في المدن الفقيرة إلى حدود 8 . 3%. وفي الوقت الذي يتوقع فيه تزايد حجم السكان في المدن الغنية بين عامي 1995 و2015 بنسبة 10% يتوقع أن يتزايد حجم سكان الكثير من المدن الفقيرة إلى ما نسبته 150 و250%[2]. ونذكر هنا بأن تفاقم النزوح إلى المدن الفقيرة يعود سببه الرئيسي إلى أن 60% من الناشطين يعملون في الزراعة بينما تقتصر حصتهم من الناتج المحلي في بلدانهم على حوالى 15%، هذا في الوقت الذي يحصل فيه 6% من سكان البلدان الغنية العاملين في زراعاتها على 30% من هذا الناتج المحلي فيها.

وفي إشارة إلى مستوى الحدة في حرمان النازحين المحتشدين في الأحياء القديمة للمدن الفقيرة كما في ضواحيها تفيد دراسة دولية إلى أنه «يعيش أكثر من بليون نسمة في مأوى غير لائق، بدون مياه جارية أو كهرباء أو طرق. .. وتعيش نسبة تتراوح بين 30 و60% من سكان البلدان الفقيرة في مستوطنات غير قانونية أو غير نظامية. ومن المعتقد أن هناك حوالى 100 مليون شخص بلا مأوى ينامون في الشوارع أو في المباني العامة أو يتنقلون داخل وخارج مآوٍ ليلية. وهذه الأوضاع تترك الناس عرضة باستمرار لكل من الأمراض المزمنة وللتهديدات الجديدة المفاجئة. ولقد كان اندلاع الطاعون في عام 1994 في مدينة سورات الهندية الغنية نسبياً بمثابة تذكرة مزعجة بأخطار سوء امدادات المياه والصرف الصحي وصرف المياه...»[3].

وفي بعض المدن العربية أيضاً تُلاحظ سُكنى المدافن لبؤساء المدن كما في القاهرة وفي طرابلس لبنان التي عاش فيها أحد اللبنانيين في قيادة الفصيل الإسلامي المتطرف الذي قاتل في مخيم نهر البارد عام 2007.

وبخلاف ما تطورت معه وإليه أمور النزوح والهجرة والقدرة على استيعابهما في المدن الصناعية الغنية اضطرت المدن العربية عامة واللبنانية منها بعد

المتزايد إلى ضواحيها والمتواصل في ترييف المدن. هذا الإحتشاد الذي فعلت العلاقات القرابية والقروية أحياناً كثيرة في توزعه على أحياء وتجمعات تبرز فيها ملامح التجاور والإعتصاب التقليدي. هذا الإعتصاب الذي يتواصل في بيروت على سبيل المثال يومياً مع القرية بوسائط نقل عمومية تحمل إسم القرية ويتواصل اسبوعياً بمشاركات واجبة في أحزان القرية وأفراحها.

وما دمنا قد أشرنا إلى الحالة اللبنانية فإننا نلاحظ أن تفريغ الأرياف وتحشيد المدن في لبنان، كبلد صغير لا يزيد طوله عن 225 كلم ولا يزيد عرضه عن 50 كلم قد انعكس في التخفيف من نزوح العائلات الريفية من القرى التي يصل بعدها عن العاصمة إلى ما بين 25 و50 كلم مما يساعد في بقاء عائلات العاملين يومياً في بيروت سهولة النقل الخاص والعام إليها ويساعد هؤلاء العاملين من العودة إلى قراهم يومياً واستثمار فائض أوقاتهم وعطلهم في عمل زراعي أو ثانوي فيها. وذلك بخلاف النزوح الإضطراري من الأقضية النائية في محافظات البقاع والشمال والجنوب. هذه المحافظة التي شهدت دائماً نزوحات قسرية بفعل التهديد الإسرائيلي بالإضافة إلى النزوح العائد إلى تهميش الزراعة والأرياف. ولا يجب أن ننسى أن تاريخ النزوح إلى العاصمة قد شهد مرحلتين:

- نزوح الخمسينات والستينات الذي حمل إلى المدينة فائض العاملين في الزراعة ممن أسهموا بادخاراتهم في تعمير قراهم التي تربطهم بها قوانين التمثيل النيابي والبلدي واستمرار التواصل الأهلي والاسبوعي أحياناً والسهل بفعل مساحة لبنان المحدودة.
- والنزوح الثاني المتسارع لاحقاً بفعل تفاقم التهميش والإختلالات خلال الحرب.

ومن المفيد التوقف أمام نموذج ثانٍ من النزوح والهجرة في البلدان العربية النفطية الذي أدى إلى تشكيل مدن حديثه كمدينة الرياض[(4)] التي «لم تكن في مطلع القرن العشرين سوى قرية صغيرة بل ظلت حتى بداية النصف الثاني من

عائدات النفط) وأصبحت من بين المدن المليونية، وتمتد فوق رقعة من الأرض تبلغ 16 ألف كلم2 قسمّت بحيث تأخذ شكل المدينة العصرية القابلة للتوسع. ونفس الشيء يصدق على الكثير من مدن الخليج العربي مثل الكويت ودبي وغيرها».

المراجع:

1 ـ Jaques Donzelot «Faire société» Ed. Seuil 2003, page 22.

2 ـ "تقرير التنمية البشرية، لعام 1996" . الصادر عن برنامج الأمم المتحدة الإنمائي.

3 ـ المرجع نفسه.

4 ـ كتاب «اتجاهات التحضر في المجتمع العربي» المؤلف مصطفى التير ـ منشورات المؤسسة العربية للنشر والإبداع، ص 30.

الفصل الرابع

التطرف ومعضلات الإحتواء والإقصاء
في المجتمع

يرى كل نظام سياسي في إدارته للسلطة والثروة، وفي ما يتوفرفي ظلّه
للناس من حظوظ التأهل والتمكين المتفاوت ومن فرص العمل والعيش المتاحة
في الأسواق داخل أطره الأهلية والحكومية للتنشئة، ما يكفي لاحتواء
الجماعات المتفاوتة في مستويات عيشها داخل المجتمع الذي يحكمه.

وإذا كانت آليات الإحتواء المدني للناس وإدماجهم في الليبراليات الصناعية
الغنية قد ربطت إيديولوجياً بين حظوظ الأفراد في الديموقراطية الاجتماعية من
جهة وبين جداراتهم وقدراتهم على المنافسة الحادة في أسواق العمل إلّا أن
هذا الرابط ترافق باختلالات تمثلت ببروز جماعات فائقة الغنى تميل إلى عيش
امتيازاتها فوق قمة الهرم الاجتماعي وهذا ما يمكن أن نسميه الإقصاء الفوقي
كما يقول أنتوني غيدنز[1] وتمثلت ببروز مقابل للفقر للنسبي في قاعدة الهرم
يمكن أن نسميه بالإقصاء التحتي. إنه إقصاء تعهدت التخفيف من سلبياته شراكة
بارزة بين الدولة والقطاع الثالث في ألمانيا وهولندا والنمسا لمواجهة
الديموقراطية الاجتماعية المحققة في الدول الإشتراكية سابقا. وجدير بالذكر أن
حدود كل من الجماعيتن تتفتح لتضم في ظل عولمة الأسواق أصحاب

المقابل إلى قاعدته جاليات الفقراء المهاجرين المنافسين سواء في عروض عملهم الرخيصه نسبياً أو في استفادتهم من تقديمات شبكات الأمان الاجتماعي في المجتمع المتطور مدنياً.

وهنا نتذكر بأن هذه الهجرات متزايدة ومقصية عن المشاركة السياسية والمذعنة لألوان من التعديات على ثقافتها اليومية وعلى أمنها السكني، كما حصل ويحصل في المانيا والسويد على سبيل المثال على أيدي الحركات اليمينية المتطرفة. وكثيراً ما كانت هذه تلهجرات تحرك ظهور التعنصر في الأوساط الاوروبية المستقبلة وما ينجم عنه من تعنصر مضاد في اوساط المهاجرين الوافدين. أن دينامية السوق وآليات المنافسة التي أصبحت اليوم في أساس هذا التحريك للتعنصر كانت هي ذاتها، منذ قرنين، في أساس آليات الإدماج الاقتصادي الاجتماعي غير أن الأسواق الفقيرة المستتبعة ضمن التقسيم العالمي للعمل لم تتوفر فيها مثل تلك الآليات المستقلة للنمو الاقتصادي القادر على استيعاب العمالة وعلى توفير الشروط الملائمة لاندماجها الاجتماعي في بلادها. فقد أدت التشويهات في الهيكلية القطاعية لاقتصادياتها المستتبعه إلى المزيد من الإقصاء للقدرات البشرية والمؤسسية وإلى ترسيخ ثقافة الفقر "القدرية" التي تحصّن الإنتماءات الثقافية التقليدية المتعددة الأصول. هذه الإنتماءات التي تتزايد انغلاقات نخبها السياسية على التطرف الأصولي وتتفاقم نزاعاتها المناطقية والإتنية والطائفية حول توزيع الإنفاق الحكومي للخدمات الأساسية ولفرص التوظيف أو التشغيل. فتتحول التعددية الأهلية الثقافية المتعايشة في الاقتصاد التقليدي إلى تعددية أهلية عصبوية سياسية متصارعة إلى حدود تفكيك المجتمع والاقتصاد على السواء. ولا تخفف من تطرف بعض النخب المتطورة في تعليمها التقديمات الاغاثية المتزايدة التي تمولها أو تتولاها مباشرة منظمات شمالية حكومية وغير حكومية يُقدَّر عديدها اليوم بحوالى 800 منظمة[2] تمثل مساهمة المجتمعات المدنية في الشمال لتخفيف فقر المجتمعات

الظروف الملائمة لبروز التطرف في المجتمع العربي

ننطلق في مقاربتنا للتطرف، دينياً كان أم إتنياً، من أنه لا يظهر الا في ظروف زمانية أو مكانية مستوفية لشروط ظهوره وتوسعه. فنرى أن التطورات السلبية التي شهدتها المجتمعات العربية على أصعدة الإستقلال السياسي والاقتصادي والثقافي دفعت الكثير من الأنظمة للعودة إلى تحالفات مباشرة وغير مباشرة مع الحركات الدينية والأصولية المتطرفة في فهمها الشعائري المحافظ والضيق لقيم الإسلام ولا سيما في مجال الحقوق الفردية ومشاركة المرأة. وزاد في تطرف بعض الحركات الدينية المقموعة اندفاعها إلى «التمسك بتأويلات متشددة واعتماد العنف وسيلة للفعل السياسي والنفخ في نيران العداء للقوى السياسية المناهضة في البلدان العربية و"للأغيار"، على حد سواء بتهمة العداء للإسلام ذاته»[3] متحولة إلى العمل التبليغي الديني حول الجوامع المصادرة مقروناً بالعمل الإغاثي والرعائي للجماهير المقصية اقتصادياً واجتماعياً لمواجهة تطرف السلطات الحاكمة المذعورة من ظهورها وتوسعها في استقطاب الجماهير المحبطة المتقبله لخطابها التحريضي والديني ضد السلطات وضد كل أنواع التفكير المعارض لها.

ويزيد في تقبل الجماهير العربية للتطرف التعبوي للحركات الإسلامية الأصولية التطرف المشهود لدى حكومات إسرائيل المتعاقبة القائمة على احترام القواعد الأخلاقية والمؤسسات الشرعية في التعامل مع مواطنيها من اليهود وعلى تطرف متعنصر في تجاوزها عندما تُبيح لأجهزتها الحكومية قلع الجماعات الفلسطينية من مواطنها التاريخية عن طريق العنف لتحل محلها اقواما يهودية من بلدان متباعدة (أوروبا الشرقية، الحبشة، المغرب وغيرها) لا يربط بينها اكثر مما يربط مسلمي بلدان العالم بالسعودية مولد نبي الإسلام. واليوم تصبح ظروف الإقصاء النفسي والثقافي أكثر ملاءمة للتطرف بفعل استثمار الإنجازات المتسارعة في تكنولوجيا الإتصالات والمواصلات التي تُساهم في الوقت ذاته

تعريف بحركات التطرف

يتعرف منطق التطرف بأنه مناقض لمنطق المساومة في العيش المشترك. وبأنه منطق الفرض المباشر للتغيير ولا سيما في المجتمعات الأهلية الفقيرة التي لم تتمأسس فيها القوانين المدنية الراعية لحقوق الأفراد كما لحقوق الجماعات المختلفة المصالح والثقافات.

يختلف التطرف بين مجتمع وآخر وحتى بين جماعات المجتمع الواحد وبين ظرف وآخر من ظروفه وتختلف الفئات المتطرفة في ثقافاتها التي «تُميِّز نفسها بهويتها الثقافية ـ أكانت عرقية أم عنصرية أم دينية وتحاول فرض ايديولوجيتها بالإكراه بل حتى بالإبادة وهي:

- تؤمن بتفوق ثقافتها وترفض الآخرين كافة.
- تعمل بناءً على هذا الإعتقاد لفرض ايديولوجيتها على الآخرين وخلق مجتمع "نقي".
- تلجأ إلى العنف في الغالب وإن ليس دائماً»[4].

وتتجسد سلوكيات التطرف في الهجومات المتكررة بين حركات التطرف الطائفي في العراق وفي ايرلندا والهند وباكستان والتطرف العرقي في افريقيا السوداء والتطرف الديني في الجزائر كما في لبنان وفي الإبادات السياسية والإيديولوجية التي نُفذت ضد الإشتراكيين في إنقلاب بينوشيه في تشيلي أو في إنقلاب سوهارتو ضد الشيوعيين وحلفائهم من قبل في أندونيسيا. ولكنها تتجسد أيضاً في سلوكيات غير عنيفة كرفض المشاركة في الجوار السكني أو في النزوح أو الأحكام السلبية المسبقة المعمّمة على الجماعات الأخرى يعبر عنها أحد المتطرفين الأوروبيين في نظرته إلى العمال المهاجرين المغاربه بقوله «هؤلاء السود البشعون... شعرهم أجعد وجلدهم أخضر وعيونهم كعيون الجرذان، إنهم كذابون، سارقون، مداهنون يسرعون في كلامهم فلا تسمع منهم شيئاً، وعندما تسمع فإنك لا تفهم شيئاً إنه لا يقرب من الكلام الإيطالي ولا حتى من أي كلام كان، إنها لغة المتوحشين، إنها لغة لا يفهم بعضهم من بعض ولذلك

يضطرون أثناء تحادثهم للتأشير بالأيدي وبسرعة تكاد لا تُرى فيها الحركات...»(5).

أشكال التطرف

كانت سلوكية التطرف في مجتمعات التقليد وما زالت في مجتمعات الحداثة الكبيرة منها والمحلية تتجسد في أشكال من المعارضة العنيفة. معارضة تتجاوز منطق الإعتراض السلمي والمساومة مع السلطات القائمة فيها إلى منطق ثوري يدعو للإنقلاب عليها. ويختلف هذا المنطق في تنويع العنف وتقنيات ممارسته مع اختلاف أخلاقيات وقيم التنشئة على التعامل مع السلطة السياسية على الصعيد العام أو مع الجماعة الأخرى المختلفة سوسيوثقافياً على الصعيد الأهلي سواء كان ذلك في مجتمع حضري أو ريفي.

وفي المجتمعات والثقافات العربية المختلفة في اجتماعها التقليدي الأهلي المراوح بين الأطر العشائرية والطائفية والدينية أو في اجتماعها المعاصر المراوح بين الأطر المدنية والإيديولوجية والإتنية، يُلاحظ أن التطرف كان وما زال يمثل الإنفعال العنيف على الفعل الإقصائي الذي يمارسه أهل السلطة أنّى كانوا من الحداثة أو التقليد ويمكننا تصنيف أنواع التطرف على الشكل التالي:

ـ منها ما يتعلق بفرض الإعتراف بالحقوق السياسية والمدنية والمشاركة في السلطة لجماعات مقصية عنها.

ـ ومنها ما يذهب إلى أبعد من فرض الإعتراف بالعنف عندما يمارسه من أجل تغيير جذري في نظام هذه السلطة.

ـ ومنها ما يتعلق بفرض فهم متزمت لنصوص دينية على الناس وعلى الجماعات أو السلطات التي تميل إلى أنواع مختلفة من الفهم. وتتفاوت ممارسات التطرف من عنف الإيذاء الجسدي المسوغ باسم الدين ويُلاحظ ذلك على سبيل المثال لا الحصر في المناطق الإسلامية المغالية في فهم موقع المرأة ودورها المرموز إليه على جسدها مما يؤدي إلى المغالاة في تأثيم الناظر إلى

الآمن لاندماجها في مجتمعها وصولا إلى المغالاة في منعها من الخروج إلى العمل كما يمارس أنصار حركة طالبان داخل أفغانستان وأقرانهم.

- ويُلاحظ الغلو والتطرف في معتقدات وممارسات الحاخامات اليهود ممن يرفضون تزويج عشرات الآلاف في إسرائيل بسبب عدم اكتمال يهوديتهم العائد لديانة أمهاتهم غير اليهودية. ويرفضون القيام يوم السبت بأي عمل أو إنارة الكهرباء أو قيادة للسيارة بهدف التفرغ للتعبد. وهذا ما يُشير إلى أن التقدم التكنولوجي المميّز في هذه الأوساط اليهودية المتطرفة لم يكن كافياً لتجاوز هذا الركود الأيديولوجي إن لم نقل أن التكنولوجيا ترسخ وتخدم مثل هذه الإيديولوجيات فتجعل تطرفها أكثر إيذاءً على وسطها وأكثر شراسة وتعبوية في تطرفها الإغتصابي لحقوق المواطنين الفلسطينيين الأصليين وإجلائهم عن قراهم ووطنهم.
- ومنها ما يتعلق بفرض فهم سلطوي معين متعارض مع الفهم الذي أقرته الشرعات والمعاهدات الدولية لحقوق الإنسان ولحقوق الشعوب في تقرير مصيرها. إنه فهم ينكر على الناس ميولهم ومزاجيتهم النفسية- السياسية المتعارضة معه ويعتبرهم قاصرين عن الفهم والإختيار فينصِّب سلطته لتفهم عنهم وتختار. وقد تمثل ذلك في ممارسات فاقعة لسلطات الحزب الواحد أو الحزب القائد التي منعت التعددية السياسية كما شهدنا في بعض البلاد العربية أو في ممارسات لأنظمة اعتمدت ظاهرياً التعددية الحزبية في الوقت الذي يمارس فيها الحزب الحاكم في بعض البلاد العربية الاخرى آليات حصر السلطة وتوزيع منافع وخدمات الإدارة الحكومية مما يجعله المستقطب شبه الأوحد تكراراً للتمثيل التشريعي ولتشكيل الحكومات ولاستعمال العنف في الضبط المخابراتي لكل أنواع الإعتراضات على الإستقطاب الزبائني الذي يقصي الكثيرين خارج الحكم.

المراجع :

(1) أنطوني غيدنز «الطريق الثالث _ تجديد الديموقراطية الإجتماعية» نقله إلى العربية مالك عبيد أبي شهيوة ومحمود محمد خلف، منشورات دار الرواد، 1999 _ ص 151.

(2) Assar Lindbeck: «the end of middle way?», American Econ.Rewiew Vol.85, 1995، مصدر وارد ذكره في المرجع السابق ص 191.

(3) «تقرير التنمية الإنسانية العربية لعام 2003» الصادر عن برنامج الأمم المتحدة الإنمائي، نص بعنوان «دين يحض على العلم وبعض تأويلات خادمة للحكم».

(4) «تقرير التنمية البشرية للعام 2004» الصادر عن برنامج الأمم المتحدة الإنمائي، ص 75.

(5) François Cavanna, «Les retals» Belfond, 1978, in sciences eco.et socials 1ère éd.Hatier 1998, page 128.

موضوعات وقضايا خلافية في تنمية الموارد العربية

الفصل الخامس

حدود عمل المنظمات غير الحكومية
في التنمية الاجتماعية

أولاً: المجتمع المدني والمنظمات الأهلية

مقدمة في أهلية ثقافة الجماعة وعالمية حقوق الفرد

نتوقف في بحثنا امام الحالة اللبنانية والتي لا تختلف جوهريا في تقديرنا عن الكثير من حالات المجتمعات العربية في ما له علاقة بموضوعه، فنلاحظ ان مبررات تشكل الكيان السياسي اللبناني بحدوده الراهنة، توفرت بين منتصف القرن التاسع عشر ونهاية الحرب العالمية الأولى. وتلاقت ميول الحركات الفاعلة في بعض الطوائف اللبنانية مع تطلعات الدول الأوروبية الكبيرة المتنازعة آنذاك على وراثة التركة العثمانية واسواق ولاياتها. وهذا ما أتاح لهذه الدول إرساء تحالفات مع زعامات تلك الطوائف سهلت لها حضوراً تجارياً في شرق المتوسط قربها من أسواق المشرق وحضوراً ايديولوجياً قربها من كنائس بيت المقدس. وكان في مقابل ذلك إن رأت تلك الدول في الطوائف اللبنانية كيانات مليّة مختلفة تقليدياً ورأت أن من المفيد دفع زعاماتها لتتقاسم الحكم في كيان مؤهل للعب دور الجسر التجاري والسياسي والثقافي مع أوروبا. وقد تعزّزهذا الدور في طروحات غالبيةالكنائس والنخب المسيحية. وتجسّد على الارض من خلال نشر مدارس وجامعات ومراكز لخدمات الرعاية الاجتماعية تُديرها

صحيح إن الإنجازات الواسعة التي توفرت على الصعيدين التعليمي والثقافي لغالبية الأوساط المسيحية مكّنت نخبها من لعب أدوار متنامية في مجال الوساطة ومن ثمّ في التوكيلات التجارية بين أوروبا والمشرق، إلّا أن إيديولوجيا حضن هذه الاوساط التي تحققت في ظلها هذه الإنجازات عملت على تعزيز التفاوت التعليمي والاقتصادي بين نخب الطوائف المسيحية من جهة وبين نخب الطوائف الاسلامية من جهة ثانية. وفي ظل هذه الايديولوجيا عمل زعماء الطوائف، على امتداد أكثر من قرن ونصف، على تعزيز الإنتماءات الطائفية المتفارقة في مواقفها إزاء ذلك التفاوت وعلى محاصرة نمو الإنتماءات الاجتماعية المدنية مرسّخة تسلطها في طوائفها من خلال نهجها الزبائني القائم على تقليد تراتب الجاه في العصبيات القرابية والمحلية. وذلك باعتبار "ان الجاه يفيد المال لما يحصّل لصاحبه من تقرّب الناس اليه باعمالهم واموالهم في دفع المضار وجلب المنافع"[1] على حد قول عبد الرحمن ابن خلدون منذ ستة قرون ونيف. وقد اشارالى تلازم الجاه مع المال والسلطة. ورأى أن اجتماع العصبية يفرض مراتبية الجاه.

الاّ ان المفارقة الابيستمولوجية اللافتة هي بين منطق الجاه في مجتمع ابن خلدون من جهة ومنطق الجاه في الجماعات التي يديرها زعماء الطوائف اللبنانية بعد مرور ستة قرون من جهة ثانية. وتمثلت هذه المفارقة في ان منطق سلطة الجاه في اجتماع العصبيات القديمة كانت غايته " اكراه الناس على التعاون لجهلهم في الاكثر بمصالح النوع ولما جعل الله لهم من الاختيار. وأن افعالهم إنما تصدر بالفكر والروية لا بالطبع. .. فلا بد من حامل يُكره ابناء النوع على مصالحهم لتتم الحكمة الالّهية في بقاء هذا النوع..."

وأما منطق سلطة الزعامات الطائفية اللبنانية القائمة هي أيضاً على الجاه في العصبيات المحدثة فقد اصبح يقوم على حصرية شرعية الزعامة في التحكم بتوزيع حصة الطائفة أو المنطقة من إنفاقات المالية العامة للدولة. وفي المقابل

يكتفي بالعمل على إغاثة افراد جماعته في عوزهم من خدمات الإدارة الحكومية التي يحتكر تحصيلها وإعادة توزيعها عليهم بما يعزّز ولاءهم له وعلى رعاية مصالح الوجهاء بينهم في ما يمكّنهم من المداورة حول ما تقتضيه النصوص واعفائهم مما يتوجّب عليهم للدولة. ولا يرى في النصوص والمؤسسات ما يوفر فرص تقدم المجتمع او" بقاء النوع " على مايقول ابن خلدون كبير مؤسسي علم الاجتماع أو ما يُسمى اليوم بالتنمية البشرية والمدنية للموارد والمزايا.

في ثنائية الاخلاق السياسية التقليدية والحقوق المعاصرة للإنسان في لبنان

على مثل هذه الاسس والمعايير العصبوية الطائفية قامت الرأسمالية اللبنانية الطرفية في موقعها من الأسواق العالمية، والوسيطة في موقعها من الأسواق الإقليمية، والمفرطة في ليبراليتها، فحظيت بطبقة سياسية ملائمة لرعايتها. ليبرالية هجينة تتجدد فيها الزعامات الطائفية عن طريق ما يتيحه نهجها الزبائني. وفاقم مثل هذا النهج، في إدارة الليبرالية الطرفية المفرطة، من تناقضاتها الداخلية ومن حاجاتها الدائمة للتدخلات الإقليمية الدولية لحل معضلاتها الدورية. وحرصاً على غاياتها في تجديد حضورها السلطوي تحرص الزعامات الطائفية دائماً على تغليب الأخلاق السياسية التقليدية القائمة على الإنتماءات الأهلية التقليدية. ولا ترى من تعارض بين سيادة هذه الإنتماءات من جهة وبين سيادة القانون الوضعي المعاصر الذي يسود التعامل الاقتصادي في الأسواق اللبنانية والخارجية من جهة أخرى، على الرغم من أن هذا القانون لا يعترف بالأفراد إجمالاً إلّا من موقع مسؤولياتهم وتعهداتهم وتعاقداتهم وكفاءاتهم ومردود أعمالهم، وليس من موقع أي إطار آخر ينتمون إليه خارج السوق. **وفي هذا الصدد يُشير يورغن هابرمس[2] إلى أن «القوانين الحديثة تنشأ جوهرياً إنطلاقاً من الحقوق الشخصية. وتفسح هذه الحقوق للشخص القانوني في مجالات قانونية ليتصرف بحسب أولوياته الخاصة، بذلك تُحلُّ هذه الحقوق الشخص، ذا الحق بطريقة معدلة**

جيداً، من أي تعليمات أو وصايا خلقية من نوع آخر. .. وهكذا ينفصل القانون عن الأخلاق...».

وإذا كانت صياغات حقوق الإنسان في المساواة والمواطنية، التي تبلورت في أوروبا متكاملة مع القوانين الوضعية، تنظر إلى الإنسان كفرد إلّا أن ما لا يجب أن يُنسى هو أن لهذه الحقوق المعاصرة وجهان:

ـ وجه قانوني من جهة تبلور في نموذج المجتمع الصناعي الليبرالي الأوروبي ونزعت صياغاته ليكون ذا طابع كوني ففرض نفسه بعد الحرب العالمية الثانية في صياغات «إعلان الأمم المتحدة لحقوق الإنسان»

ـ ووجه ثقافي من جهة أخرى يتلاءَم مع الأخلاق السائدة لدى البرجوازيات الأوروبية العاملة على تعميم الإعتراف بمثل تلك الصياغات كنظام كوني للقيم المعاصرة في العالم.

ـ ولكن الإعتراف بالقانون الوضعي القائم على اولوية حقوق الفرد واعتماده ظل يواجه في المجتمعات العربية ممانعات على مستوى الثقافات التقليدية لدى العوام حيث ترتكز الحقوق في الثقافة الطائفية، على مبدأ أولوية إنتماء الأفراد للجماعات الأولية. وعلى اعتبار أولوية حقوق الأفراد على الدولة وذلك على عكس ما تقوم عليه القوانين في النموذج الأوروبي القائمة على اعتبار أولوية واجبات الأفراد تجاه الدولة.

وبخلاف الاعراف والأخلاق السياسية التقليدية في المجتمعات العصبوية يفترض الفهم البرجوازي الأوروبي لحقوق الإنسان اعتبارها حقوقا قانونية تحصنها مؤسسات الحكم كما مؤسسات المجتمع المدني فتشرعن اعتمادها في التنشئة الاجتماعية والمدرسية وفي التشريع البرلماني وتشرعن تطبيقها في القضاء والإدارة الحكومية.

ولكن أنّى للتشريع البرلماني في البلاد العربية أن يستقيم ويُشرعن القانون الوضعي في الوقت الذي تغلبُ على انتخاب أعضائه معايير الزبائنية والتزلم

الدولة وهي في الغالب الأعمّ جماعة توالي بمعايير استرضاء الزعامة وليس بمعايير اختيارها ومحاسبتها؟

وأنّى للمؤسسات الحكومية أن تتشكل وأن تمارس وظائفها في الوقت الذي يستهون فيه الفرد الرجوع إلى زعامات الجماعات الطائفية والعشائرية والعائلية وإلى الأخلاقيات والتعاملات التي تعتمدها هذه الزعامات في خدمة زبائنها من الناخبين داخل الإدارة الحكومية وفي تجاوزالقانون الوضعي؟

ألا يجدر التذكير بأن ثقافة الزبائنية والتزلم المشاعة والمموّهة بالأخلاق السياسية التقليدية، المفروضة بالتنشئة والتوارث في الخواص، والمقبولة بالتنشئة وبالتوارث في العوام اللبنانية والعربية، هي الثقافة التي استُعملت لتبرير استبعاد الحقوق السياسية للأفراد بحجة حصر اهتمام الدولة بأولويات التنمية المركزية لصالح الجماعات والمناطق في البلاد؟

المغالبة بين الأهلي والمدني
في حقل التنمية السياسية والبشرية

لقد شجعت البُنى الثقافية المتوارثة في بلادنا الإزدواج في صياغة الحقوق الفردية على المستوى القانوني من جهة واعتماد المراوغة والإلتفاف حولها على المستوى السلوكي اليومي من جهة اخرى. وهذا ما حال ويحول دون نمو تنظيمات تقوم على العلاقات التعاقدية الاجتماعية ـ الاقتصادية بين الافراد. فهل نستطيع الحديث عن مجتمع مدني كشريك متكامل مع الحكومة، كما تبلور مفهومه في ظل الدولة القومية للراسمالية الصناعية الاوروبية منذ ما يزيد على قرن ونصف، حيث يراقب كل منهما الآخر ويُحرجه عبر حدود معترف بها بينهما؟

هل نستطيع الحديث عن مجتمع مدني في لبنان على سبيل المثال لا الحصر، حيث الإفقار المؤطر داخل الطائفة يُفضي إلى تعويق الشعور بالمواطنية والانتماء إلى الدولة وحيث يُلاحظ تزايد اقبال الأسر في الطبقة المتوسطة

المنحسرة على التوجه لسفارات الدول الغنية من أجل الحصول على تأشيرات للهجرة وطلب التجنس؟

أجل لقد تعذر في إطار الليبرالية اللبنانية الطوائفية بناء تنظيمات اجتماعية مدنية تُشكل ضمانة للمشاركة الديموقراطية في نظام سياسي شديد المركزية في النصوص ولكنه نظام يتسع في آن معاً لممارسة لامركزية في الواقع تتلاءم مع مصالح الزعامات الطائفية في المناطق. وقد بينت التجارب التنموية في العالم أن اللامركزية كنظام ملائم للتنمية التشاركية لا تتحقق إلّا في أعقاب مركزية متقدمة تبرمج التكامل التدريجي بين مزايا المناطق وموارد القطاعات. وفي غياب هذه المركزية المتقدمة إنعكست التدخلات السياسية في أداء القطاع القضائي الذي من المفترض ان يسند شرعيته مبدئياً على حكم يضمن بشرعيته السياسية الأعلى شرعية القوانين وشرعية تطبيقها. وانعكس الخلل في أداء القضاء خللاً يُلاحظ في مختلف التعاملات التعاقدية. وليس من الصعب الملاحظة اليومية لتعطل حضور وفاعلية المجالس البلدية على مستوى جباية وارداتها كما في إدارة شؤون وخدمات مجتمعاتها المحلية. ويلاحظ أن الخلل في أداء القضاء ينعكس على سبيل المثال ايضا في تعطّل اداء لجان إدارة الأبنية المشتركة في المدن تعطلاً يُلاحظ في ما تقارب نسبته 80% من الأبنية بفعل تعوّق إجراءات المحاكم.

هل يمكن أن نفسر ذلك بأن مفهوم المجال العام والمشترك في المدينة لم يحل بعد محل المجال القرابي أو الأهلي سواء في الحارة الحضرية أو في الحارة القروية؟ وبأنه بسبب الثقافة الأهلية لا يمكن أن تتعمق داخل جماعة الجيرة الصغيرة «بعض القيم التي يُسميها Englehart قيم ما بعد المادية حيث للجماعات الصغيرة حدودها ومشاكلها ولكنها تعطي دليلاً على الحياة المدنية المتحضرة»[3].

إن الإزدواج الوظائفي الذي تتميز به الأخلاق السياسية التقليدية لدى الزعامات العشائرية والطائفية، يتمثل ليس فقط في التعارض الحاد والمباشر مع

في القوانين الوضعية المعتمدة في دول القرار في العالم وحسب، بل يتمثل في اعتمادها رسمياً والمداورة حولها مضامين نصوصها واقعياً.

وفي سياق هذا الإزدواج الوظائفي للأداء المداور في السلطة يُشجع النافذون في الوزارات تأسيس المنظمات غير الحكومية التي يغلب على الاكثر منها الانتماء الى النافذين في السلطة أو في الطائفة، ويغلب في الكثير الكثير من هذه المنظمات أسلوب الإدارة غير الديموقراطية وبالتالي غير التشاركية، أسلوب يتلاءم مع كل من منطق السلطة الحكومية ومنطق السلطة الأهلية على السواء. وجدير بالذكر ان مثل هذه المنظمات أو الجمعيات الأهلية نادراً ما تُمارَس داخلها الإنتخابات والشفافية: فيبقى المؤسسون في رئاستها وإدارتها عقوداً لا سنوات. وهي تحظى غالباً بدعم من زعامات المناطق مما يقربها من وزارات الخدمات الرعائية والإغاثية، ويقربها أحياناً كثيرة من دعم المنظمات الدولية، ومن تمويل المنظمات الأجنبية المانحة. هذه المنظمات الاخيرة التي تقيم الشراكات مع المنظمات المحلية، في لبنان كما في البلاد العربية، دونما تطلّب يحرج هذه المنظمات على صعيد كفاءة العاملين فيها وعلى صعيد تقييم الجدوى الاقتصادية و/أو الاجتماعية للمشروعات والأنشطة التي تنفذها.

ولا نغالي إذا قلنا بأن هناك نوعاً من التواطؤات بين الكثير من خبراء المنظمات المانحة المبعوثين لتقييم المشروعات المشتركة من جهة وبين إدارات الجمعيات المحلية المنفذة للمشروعات الممولة من جهة أخرى. انها تواطؤات تسمح بتجديد عقود التمويل لصالح الجمعيات المحلية من جهة ولصالح تجديد إيفاد خبراء البعثات إلى لبنان ثانية من جهة اخرى، علما ان خبراء تلك المنظمات المانحة وخبراء الحكومات الغنية المعنية من ورائها ومعهم خبراء المنظمات الدولية يدركون جيدا أن الجمعيات المحلية لا يمكنها ان تحقق الجدوى الاقتصادية والاجتماعية الفضلى لمشروعات التنمية المحلية دونما تكامل عضوي مع مخططات الوزارات المعنية. خاصة وأن الكثير الكثير من هذه الجمعيات تمارس هدر الموارد في أنشطتها الموازية وغير المنسقة في إطار

رعاية تنفيذها مباشرة مع الوزارات. إنها الشراكة التي يُفترض أن يؤدي تنفيذها إلى إحراج هذه الوزارات وذلك بالاضافة إلى شراكة ثانية مع الجمعيات المحلية وتطورها وإلّا فإن اقتصار الشراكة على هذه الجمعيات لا يغير في كونها تنظيمات اجتماعية ضرورية لتحصين هرمية وثقافة السلطات التقليدية.

هل تتيح العولمة الرأسمالية تشكل مجتمع مدني يُحرج الحكومات المُحرجة في بلادنا

كثرت المعوقات أمام تدرج الأخلاق السياسية التقليدية ٍ في المجتمعات العربية وفي لبنان باتجاه الحقوق السياسية للافراد والمساواة بينهم وفقاً للتدرج التاريخي الذي فرضه تطور الرأسمالية الصناعية في المجتمعات الاوروبية، وفرضته هيمنة العلاقات الإنتاجية التعاقدية. وكان إن انتهى مثل هذا التدرج التطوري إلى تبلور التنظيمات التي تدافع عن المصالح الاقتصادية والاجتماعية للافراد وترتقي بوعي الفئات المتوسطة والشعبية إلى وعي الترابط الجدلي بين مصالحهم من جهة وبين حقوقهم السياسيةمن جهة اخرى. وغني عن البيان ان الصياغات الدستورية والقانونية على آليات الإداء الديموقراطي في بلادنا لم تكن كافية لبلوغ ذلك الوعي المدني. ولا مبالغة في القول بأن جماهير واسعة في اريافنا ومدننا لا يعرفون أسماء من يقترعون ليشرعنوا تزعمهم عليهم. وقد نزحوا من الأرياف باتجاه المدن التي تتضاءل في أسواقها فرص العمل بعد أن تراجعت قدراتهم على المنافسة في أسواقهم المفتوحة فتحاشدوا في الضواحي وشدتهم عولمة الأسواق للنزوع المتزايد باتجاه الإستهلاك.

وإذا كانت هذه التحولات أدت وتؤدي إلى محاصرة نمو النزعات الليبرالية واليسارية وتؤدي إلى ترجيح غلبة لقيم المحافظة والتطرف والأخلاق السياسية والولاءات التقليدية في الداخل، إلّا أن هذه القيم ذات الغلبة المشهودة في الداخل تجد نفسها مغلوبة من الخارج على التكيف مع عولمة الأسواق والأذواق، ومغلوبة أيضاً على التحول باتجاه ما يطلق عليه أصحاب نظريات ما

فهل تقوى الهيئآت والمنظمات الاجتماعية في لبنان والمجتمعات العربية ولا سيما الفقيرة منها على التخفيف من سلبيات تلك العولمة الموصوفة؟

وهل تقوى تلك الهيآت والمنظمات من جهة ثانية، على استثمار إيجابيات هذه العولمة في مجال تعزيز الوعي وتمكين الفئات الشعبية المعّرضة اكثر فاكثر للتهميش الاقتصادي والاقصاء الاجتماعي من القدرة على مساءلة حكوماتها حول آليات الهدر وتراجع القدرات التنافسية للمنتجات الوطنية وحول سلبيات المراوغة المعمتدة في ازدواجية الخطاب السياسي؟

وهل تقوى تلك الهيئآت والمنظمات غير الحكومية على الخروج من دائرة حتمية التكيف مع البُنى الماكروية الاقتصادية والسياسية والثقافية الداخلية منها والخارجية إلى دائرة تفعيل مواجهة الناس لآليات الإقصاء والتهميش من خلال نماذج جديدة من الاحزاب والنقابات ملائمة وديموقراطية فعلاً؟ وفي هذا السياق تصح العودة إلى غيدنز مرة ثانية عندما يتساءل: «هل نحن صنّاع المجتمع أم نحن من صنائعه؟»[(4)].

ثانياً: التطوع بين المجتمع الأهلي والمجتمع المدني

لقد ترسخت في المجتمعات الصناعية الرأسمالية على امتداد أكثر من قرنين مفاهيم المواطنية وحقوق الإنسان وسيادة القانون وتمأسست فيها علاقات التعامل التعاقدي والتمثيل التعددي البرلماني والمحلي. وتواكب هذا التمأسس باحترام الدولة ورعايتها لتنظيم ودعم أطر التطوع الاجتماعي الإنساني مما دفع الكثير من الباحثين لاعتبار هذه الأطر من أركان المجتمع المدني. وفي موازاة ذلك شهدت المجتمعات العربية، على امتداد أكثر من قرن ولا سيما بعد توسع النزوح إلى المدن، محاولات لتجاوز أطر التعاون القرابي التقليدية وتشكيل جمعيات أهلية تحديثية في نصوص تنظيمها وتقليدية في حوافز الإنتساب المختلفة إليها كانت منها:

- الجمعيات العائلية التي حرصت على توفير الخدمات الإنمائية لحماية الكيان العائلي ومكانته بفضل مبادرات النخب المتوسطة فيه بعد تخلخل أصابه بفعل النزوح وتوسع علاقات السوق ومعاييره بين الاقارب.
- والحركات الدينية السياسية العاملة في الاوساط الشعبية على حماية التمييز بين موروثات الطوائف واستقطابها حول الشعائر في الجوامع كما في الكنائس عن طريق الخدمات التي تؤديها في إحياء المناسبات الطقسية وفي توفير الخدمات الإغاثية للمعوزين في صفوفها.

وإذا كانت أطر التطوع الشبابي التي تشكلت بفعل التعبئة اليسارية أو القومية في ظل أنظمة الحزب الإشتراكي الواحد قد اختلفت لجهة الروابط الاجتماعية غير الموروثة والإهداف غير الإغاثية إلّا أنها لم تختلف لجهة ابتعادها عن معايير العلاقات في المجتمع المدني ووظيفتها في حماية مصالح الجماعات والأفراد وحقوقهم من تجاوزات السلطة. ولم تختلف سلطة الحزب الواحد الشعبوية عن مثيلاتها من السلطات التقليدية في منع أو تدجين أي تأطير يمكن أن يُسائلها فيحرجها في حقوق أعضائه ومصالحهم.

ويتجسد عجز تلك الجمعيات والحركات عن الإداء المؤسسي المدني عندما يُلاحظ في تحليل لتصريحات رسمية صادرة عن وزارة الشؤون الاجتماعية المصرية[5] أن المواظبين على أنشطة الجمعيات ودفع الإشتراكات لا تتجاوز نسبتهم 55% من المسجلين وأن النسبة الباقية تمثل أسماءاً وهمية أو انتسابات سُجلت من غير اندفاع ذاتي من اصحابها. يُضاف إلى ذلك أن عدد المتطوعين في الهيئآت الإدارية للجمعيات يقل كثيراً عن عدد العاملين المأجورين فيها. وهذا ما ينعكس سلباً على عفوية الإندفاع الإنساني إلى العمل التطوعي والإنضمام وتشكيل الجمعيات العامة لها خاصة عندما يُلاحظ المحيطون بالجمعية الأهلية مظاهر الرواتب العالية ومستويات المعيشة المميزة التي تُنتجها عقود الشراكة مع المنظمات الأجنبية أو الدولة المانحة. ويُلاحظ أيضاً أن

بالإدارة في غياب الاداء المؤسسي ومحاسبة الجمعيات العمومية الناخبة لها وفي غياب التنشئة على ثقافة المواطنية ومساءلة التنظيمات التي تدعي هيئآتها السهر على إدارة المصالح والحاجات الأساسية للجماعات.

علاقة الجمعيات الأهلية بالسلطة الحكومية

تخضع الجمعيات الأهلية المسماة طوعية، في البلدان العربية كلياً ما عدا لبنان والمغرب، لروتين الترخيص والإشهار ولتدخل موظفي الوزارات المعنية ممن تفرض السلطة تعيينهم في إدارة الجمعية. وتصل صلاحيات هؤلاء الموظفين إلى حد اقتراحهم حل عمل الجمعية وتعطيل قرارات هيئآتها كما هو الحال في مصر والعراق. ووصل التضييق في القانون المصري لعام 1964 على الجمعيات وعلى حقوق المتطوعين في الحضور والنقاش إلى حد منع الهيئآت من السماح لأي عضو غير داعم من المشاركة في المداولات وإلّا اعتبر ذلك جريمة يعاقب عليها القانون بالسجن لمدة تصل إلى 6 شهور⁽⁶⁾.

لم يُلاحظ مثل هذا التوتر في علاقة إدارة الجمعيات بالسلطة في مصر وحسب، فقد لوحظ وجوده في مختلف البلدان العربية ولا سيما في تلك التي تستقطب المانحين الأجانب لدوافع إنسانية و/أو سياسية تخفيفاً لأضرار الحروب المستديمة كما هو الحال في لبنان والعراق وفلسطين. ويعود التوتر الذي يسود العلاقة بين الجمعيات والوزارات المعنية بالإشراف والرقابة عليها إلى اعتبار أن الجمعيات تنازعها الولاءات على الجماعات والصلاحيات وثقة مصادر الدعم النيوليبرالي الخارجي. هذه المصادر التي تزعم بأن الجمعيات أقرب إلى الناس وأقل تعقيداً في تعاملاتها وأقل تكلفة في اداء الخدمات وأكثر شفافية وأقل هدراً من الإدارات الحكومية الفاسدة والمفسدة.

والجدير ذكره أن الهيئآت المانحة لدوافع إنسانية و/أو سياسية لم ترتبك في التعامل مع الحكومات الفقيرة المنفتحه على الدول المانحة في المفاضلة بين دعم وزارات الخدمات الاجتماعية من جهة ودعم الجمعيات الأهلية من جهة

ثانية: فقد أرضت أصحاب القرار في الوزارات من خلال الجمعيات التي يشكلها اعيانهم أو تشكلها زوجاتهم أحياناً. وهكذا يحل المانحون اشكال المفاضلة مع الوزارات المعنية إدارياً وتوجِّه الدعم إلى الناحية التي ترغبها. ويتحقق للجهات المانحة هدفها المركب في الدعم الإنساني و/أو السياسي.

وفي المقابل كانت الهيئآت الأجنبية المانحة موضع شبهة في أهدافها المُعلنة من قبل الحكومات العربية غير المنفتحه على الحكومات الغربية المانحة فكانت تتوجس من اتصال تلك الهيئات بالناس مخافة استمالتهم لتشكيل معارضة متوافقة مع توجهاتها المطالبة بالتعددية وتداول السلطة منفذة بذلك التوجهات السياسية للدول الغنية المانحة. هذه الدول التي ينسجم تشجيعها للمنظمات غير الحكومية، المعتبرة في نظرها تطوعية، مع ميلها النيوليبرالي إلى التخفيف من نمو الأحزاب والتعاونيات والنقابات المعارضة لتدابير العولمة وأنظمة التمويل والتجارة التي تفرضهاعلى توجهات الدول الفقيرة ولا سيما في مجالات السياسات الاجتماعية. ولم يقتصر الإشتباه بدعم الأطراف المانحة على حكومات الحزب القائد، فقد اشتبهت بها أيضاً الحركات الإسلامية والأصولية وآثرت الإكتفاء بدعم خارجي من بعض الحكومات والمتمولين في الخليج ومن إيران بالإضافة إلى جاليات اسلامية مغتربة في أمريكا وأوروبا. وقد واجهت الجمعيات الإسلامية حصاراً فرض على التحويلات المالية اليها بفعل إجراءات أمريكية صارمة لتجفيف موارد الدعم لها انسجاماً مع اتهامها باحتضان الإرهاب بعد 11 أيلول 2001.

تعريف العمل التطوعي

أكثر فأكثر تتوسع محاور العمل التطوعي التقليدي الذي كان يقتصر على المبادرات الإنسانية الخيّرة لتوفير خدمات الإغاثة والرعاية لذوي الحاجات الملحة العاجزين في الجماعة المحلية عن توفيرها بإمكاناتهم الذاتية. وتزامن ذلك التوسع مع تطور أنماط العيش, وتفاوتاتها في المدن خاصة ومع تفاقم

بالحقوق لدى النخب الأهلية المتوسطة التي عملت على تشكيل أطر ضاغطه للوصول إلى حقوقها الثقافية والمهنية أو السياسية والمعيشية أو حاجاتها البشرية الأولية المشروعة. وقد ربط غيدنز (2001) بين توسع شبكات المعلومات والفضائيات وشبكات المواقع الإلكترونية من جهة وبين بروز فرص جديدة لتشكيل أطر للعمل التطوعي بعد تفاقم الأخطار البيئية وأخطار العولمة الضاغطة على موارد الجماعات غير القادرة على المنافسة في الأسواق العالمية من جهة أخرى[7]. هذا بالإضافة إلى محاور التطوع في مجالات إدارة وتنفيذ مشاريع التنمية المحلية في القرى وأحياء المدن بفعل الدعم الذي تتلقاه الجمعيات التطوعية من الأطراف الخارجية المانحة بحجة حصر دور الإدارات المركزية الفاسدة في التنمية وتشجيع التحول إلى الإدارات المحلية والمنظمات أو الجمعيات العاملة تحت شعار التطوع. هذه الجمعيات التي يُفترض أن تشكل أطراً وسيطه تحرك الجماعات المستهدفة بالخدمات الرعائية والتنموية من جهة، وتحرج الدولة ووزاراتها لاعتماد سياسات متوازنة اجتماعياً ومناطقياً وقطاعياً من جهة ثانية. وبهذا الدور المفترض مبدئياً ينتظر من العمل التطوعي أن يشجع الجماعات المحلية على منهجة وعيها لأوضاعها وحاجات تقدمها ويساعد الإدارات الحكومية على تطوير أدائها خارج مصالح المتنفذين من الحكومات.

الجمعيات الأهلية وحدود المشاركة في التطوع

يجدر التذكير بأن التفاوت في حظوظ المناطق والجماعات من النمو على المستويات السياسية والاقتصادية والتعليمية يؤدي إلى تفاوت في فرص التمكين الثقافي ـ الشبابي ومفاقمة التهميش والإستبعاد عن المشاركة في وعي حرمانها وفي وعي آليات تجاوزه. ولطالما اتُهمت الثقافة السائدة في هذه الجماعات بمسؤوليتها عن حرمانها الذاتي تنصلاً من مسؤولية السلطات المركزية في التسبب بهذا الحرمان وفي ترسيخ ثقافة الإذعان له المتجسدة في التنشئة العائلية أو مايُسمى الرأسمال الثقافي المتوارث. هذه التنشئة التي تعمل على تحييد الأبناء

حدود ما تتقبله مراجع السلطة العصبوية المحلية المتعصبة للتقاليد الثقافية والسياسية. وقد اتخذ الدفاع عن هذه التقاليد أحياناً كثيرة في البلاد العربية طابع الدفاع الشرعي عما زُعم أنه من الخصائث الدينية أو الطائفية أو الإتنية للجماعات وذلك تلافياً للإنفتاح على الوعي النقدي الإنساني المعاصر والمعولم لحقوق الأفراد والجماعات. هذا الوعي الذي شرعت الجمعيات التطوعية والمنظمات غير الحكومية المدافعة عن الحقوق الأساسية (Advocacy NGO's) بالعمل على توصيله، أحياناً كثيرة، في برامج وأنشطة ودورات تدريبية تُنفذ في عجالة تفرضها محدودية الموازنات المتاحه للجمعيات وتدني مستوى النضالية الثقافية لدى الكوادر التي تستعين بها في الدورات التي تنظمها محلياً. وهذا ما يجعل منها نشاطات ظرفية لا تساهم في المراكمة والتواصل لبناء الأطر المستديمة المحرجة للسلطات الأهلية التقليدية والحكومية. هذه الأطر التي تلافت خطر نشوئها بعض السلطات عندما سارعت إلى اعتقال الصحافيين «في العام 2003 بمناسبة اليوم العالمي لحرية الصحافة وإدانة تكميم حرية التعبير وهيمنة الفكر الواحد»[(8)].

أجل كانت المشاركة عن طريق التطوع في منظمات المدافعة عن الحقوق الأساسية قد أوصلت أحياناً إلى الصدام مع السلطات المركزية وأحياناً أخرى إلى المساومة معها على التعجل في حصر تداعيات خرق الحقوق بعد تنفيذ الأنشطة والبرامج. وعلى صعيد آخر فإن حدود المشاركة الواقعية للمتطوعين داخل المنظمات أو الجمعيات العاملة في حقول التمكين التنموي الاقتصادي والاجتماعي المحلي والمناطقي لم تكُن أحسن حالاً مما كانت عليه في حقول المدافعة. فقد تضاءلت المشاركة هنا ايضا بفعل هيمنة المعايير الأهلية التقليدية في الإدارة البيروقراطية لتنفيذ البرامج والمشروعات. وهي معايير تبعد عن الأداء المؤسسي المدني الشفاف وتعمل على حصر إسهام المتطوعين في تلبية دعواتها إلى التلقي والبروز الإعلامي والمباركة والتركيز على فضائل إدارة الجمعية واستحقاقها لكل تمويل اضافي يمكّنها من التوسع في العمل والخدمة المحليين.

وجدير بالتذكير أن غزارة عروض التمويل الصغير والمجهري من المنظمات المانحة لأسباب إنسانية و/أو سياسية دفعت الكثير من النخب المحلية غير المتمرسة في إدارة وتكنولوجيا التنمية إلى تأسيس جمعيات تعمل في مشاريع التمكين المهني وتوليد الدخل مضافة إلى مشاريع تشغيل ادخارات الأسر الفقيرة في التجارة المحلية وقد لاحظنا في إحدى محافظات الأردن أنه في عائلة واحدة تنافست الحماة والكنة على تأسيس جمعيتين من هذا النوع.

ولا غرابة في إقبال المتنفذين أو الشطار المحليين على تأسيس وإدارة الجمعيات المسماة تطوعية، المراقبة غالباً من الإدارات المركزية والعاجزة عن إحراج السلطات المعنية بمهامها أو بتمويلها. لا بل كثيراً ما وسعت هذه الجمعيات من برامجها الدفاعية كما التنموية المحلية فشدت إليها الكوادر المتمرسة في الأحزاب المعارضة منها خاصة، وباتت تقدم نفسها بأنها، وبعيداً عن التعاونيات والنقابات والأحزاب السياسية، هي وحدها تشكل المجتمع المدني. وتناسى أولئك الشطار والعيارون أن مفهوم المجتمع المدني الذي تبلورت مضامينه منذ القرن التاسع عشر كان وسيظل يعني حماية حقوق الجماعات المكونة للمجتمع من تجاوزات المؤسسات الحاكمة عن طريق فصل السلطات وسيادة القانون والتمكين من المحاسبة. والتزام الدولة باعتماد سياسات الرعاية الاجتماعية وبناء القدرات في القطاعات الإنتاجية والمجتمعات المحلية.

هذا في الوقت الذي يحرك الإقبال المفرط على تأسيس الجمعيات أولئك المتنفذين والشطّار استعمالها كأطر للضغط للإفادة من الخدمات والإنفاق الحكوميين من التمويل الخارجي إفادة يثمرونها في صيانة حضور وهيمنة وجاهتهم على جماعاتهم المحلية. ولا ننسى أن الشباب ولا سيما منهم الشابات هم الأكثر قبولاً لعروض التطوع الظرفي في مشاريع الجمعيات المحلية بهدف الإستفادة من فرص التخالط الثقافي والترفيهي والخروج على الضوابط الضيقة للتنشئة العصبوية العائلية أحياناً كثيرة. وهي التنشئة الاكثر ملاءمة لتقبل سلطة

أو استهدافاً في أطر المنظمات التطوعية المتمرسة فنياً وتنظيمياً وتجهيزاً حديثاً يملأ عيون وقلوب الشباب. وهي المنظمات المتمكنة لجهة موارد التمويل والدعم الاجتماعي والحكومي كمثل منظمات الصليب الأحمر والهلال الأحمر والمنظمات التطوعية ذات الدعم الخارجي المتفرعة عن منظمات أجنبية كبيرة (كاريتاس ـ المنظمات المرتبطة بوكالة التنمية الأمريكية والمنظمات التي تنفذ برامج التعاون الخارجي للحكومات الغنية.

ثالثاً: اشكاليات عمل المنظمات الأهلية في بعض البلدان العربية

في سياق التدهور الاقتصادي المترافق مع تخلي الدولة تدريجيا عن ادوارها الاجتماعية الرعائية، كانت ديناميات التهميش ومؤشراتها تتقارب وتتلاحق في معظم البلاد العربية غير النفطية وإن إختلفت مواقيتها بإختلاف مستويات اندماجها في السوق الدولية.

وقد نشأت عن ظواهر التهميش مسألة الاحتشاد في ضواحي المدن والبطالة ولا سيما في أوساط الشبيبة وقد لوحظ ان معدل البطالة الشبابية الذي يصل إلى ضعف ونصف معدلها الاجمالي في البلدان الغنية يصل إلى أكثر من ثلاثة اضعافه في البلدان العربية.

كانت ظروف التهميش في الجزائر قد تفاقمت بفعل الازمة السياسية الاجتماعية العسكرية المستديمة مثلها مثل ظروف التهميش التي طالت المجتمع اللبناني والشبيبة فيه خاصة. ففي لبنان أيضا أخرج حوالى 5.17% من الشباب من نظام التعليم قبل بلوغ سن العشرين وكان ثلثاهم تحت سن 15 سنة مقابل ثلث البنات اللواتي أخرجن من المدرسة. وتصل نسبة البطالة في اوساط هؤلاء المتخرجين من المدرسة إلى حوالى 6.28% وتبرز في الصفوف المدرسية نسبة التأخر المدرسي حيث يلاحظ ان حوالى نصف الطلاب المسجلين في الصفوف

(9)

وهكذا يكون تدويل التهميش قد ترافق مع تدويل الرأسمال ومع تسارع التحولات الهيكلية المفروضة على بلدان الجنوب من جهة ومع ميل الحكومات في الدول الغنية من جهة أخرى لمركزة وتدويل علاقات التعاون الرعائي التي كانت تقيمها قبل ذلك منظمات غير حكومية مانحة شمالية متعهدة تمويل وتوجيه مشروعات لصالح جماعات معوزة عبر جمعيات محلية تختارها وتشاركها تحفزها في تمويل هذه المشروعات قيم وحساسيات انسانية و/أو سياسية معينة.

وفي هذا التوجه التدويلي الجديد للتعاون الرعائي في الدول الغنية وتحولت عروضات تمويلها للبلدان الفقيرة للتخفيف من الآثار السلبية المتوسطة للإصلاحات الهيكلية وإشاعة الايديولوجيا المتلائمة مع ترجيح قانون السوق وتحريره. هذه الايديولوجيا التي تحاول تحميل الفقراء وزر فقرهم وتزين لهم ان فرص العمل متاحة امام الشّطار والمبادرين. وان سبب تدهور اقتصادياتهم ومديونياتهم يمكن حصره بهدر الإدارات الاقتصادية الحكومية الفاسدة وليس اكثر. وان خلاص البلدان والناس في المجتمعات الفقيرة هو في التحول إلى الاعمال الصغيرة والمتوسطة وبذلك يندمجون في السوق والتقسيم الدولي للعمل الذي يترك للبلدان الغنية الاعمال الكبيرة المتعدية للجنسيات.

واخذت البلدان العربية تتكيف مع هذا السياق وانتشرت في المشرق كما في شمال افريقيا، ظواهر تأسيس المنظمات غير الحكومية (ONG) أو الجمعيات الأهلية ذات الوظيفة الرعائية، واذا ما استثنينا وضع الجمعيات الأهلية المدعومة من مصادر اسلامية في الخليج وفي اميركا وأوروبا فاننا نلاحظ ان عديد المنظمات غير الحكومية الساعية للافادة من عروض التمويل الشمالية وصل في الجزائر وحدها إلى حوالى 40 الف منظمة أو جمعية.

ويُعزى هذا التضخم في التأطير الاجتماعي الرعائي في الجزائر إلى الاوضاع الاجتماعية الاستثنائية التي تستثير لدى الحكومات والمنظمات الشمالية المانحة، أنواعاً متفرقة أو مجتمعة من الحساسية والتعاطف السياسي والثقافي والانساني والجندري (30 منظمة نسائية). ولا تختلف دينامية توسع التأطير

الجزائر. وقد تمكن القطاع الرعائي الاهلي الطائفي وغير الطائفي في لبنان من فرض مشاركته على برامج وتمويل وزارتي الشؤون الاجتماعية والصحة خلال الحرب (1975ـ1991) وبعدها حيث تقدر حصة هذا القطاع من الخدمات الصحية والتربوية بحوالى 40% (مع حوالى 150 جمعية) بعد ان تمكن من التعويض عن التعطل الميداني لخدمات اجهزة الوزارتين. وبعد ان تمكن بفضل ترسيخ علاقاته مع المنظمات المانحة الأجنبية والدولية من توفير الدعم المالي والمعنوي الخارجي ومن انتزاع تشريعات وتدابير حكومية ملموسة في مجالات الاعتراف والدفاع عن حقوق الانسان وحرياته (advocacy) وعن الطفل والمرأة والمعاق والاسير والسجين والمسنّ.

وتجدر الاشارة إلى أن نمو القطاع الرعائي الاهلي في لبنان لم تكن له انعكاسات سياسية موحدة: فهناك جمعيات لا يعوق نموها تنمية الدور الرعائي للدولة لا بل يمكنها أن تتكامل معها بالتعاقد مثلاً، وهناك جمعيات يستهدف نموها احلال دورها الرعائي في خدمة طوائفها محل دور الدولة وتعزيز الكيان الفئوي للجماعة التي تنتمي إليها داخل كيان الدولة.

وجدير بالذكر أن حصة جمعيات القطاع الاهلي أو المنظمات غير الحكومية لم تكن في مجالات الخدمات الرعائية والصحية والتدريبية المهنية في بعض البلدان العربية اقل من حصتها في لبنان اذ ظلت في مصر والسودان بحدود 40% وكانت المنظمات العاملة في مجال الانشطة الدينية والبيئية اكثر تقبلاً من طرف الدولة بالمقارنة مع المنظمات العاملة المدعومة شمالياً في مجالات الدفاع عن الحقوق السياسية والنسائية.ويتناقض هذا الدعم الوافد من بلدان الشمال لدعم حقوق المرأة مع ما تعانيه المرأة المعوزة والمهمشة في ارياف وضواحي بلدان الجنوب بفعل العولمة المتجسدة باغراق الاسواق الزراعية والحرفية التي يلجأ اليها الراسمال الشمالي المدَّول بالذات والمتجسدة في جعل عمل النساء والاولاد والشباب العمل الاحتياطي الارخص لتخفيض اكلاف منتجات الرساميل المتعدية الجنسية وتعزيز منافستها لمنتجات الفقراء في ارياف ومدن

وقد لوحظ على صعيد آخر ان نسبة نمو وعديد المنظمات البيئية والدينية أسرع وأكبر (15 إلى 25%) من نسبة نمو وعديد المنظمات الدفاعية (6 . 7 إلى 7 . 7%) كما تشير اليه السيدة شهيدة الباز في دراسة بعنوان "دور المنظمات الأهلية في التنمية المحلية"[10].

ولا بد هنا من الإشارة إلى توسع سوق الخدمات التأسيسية والاستشارية التي ازدهرت في مصر وخصوصاً مع تأسيس كل من "الصندوق الاجتماعي للتنمية" عام 1991 و"صندوق التنمية والتشغيل" في الاردن عام 1992. وقد استحدث هذا البرنامج لمعالجة سلبيات الاصلاح الهيكلي في كل من البلدين ولا سيما في مجال البطالة عموماً وبطالة الخريجين خصوصاً التي باتت تشكل مورداً مهماً لتوفير مناصري الحركات الاصولية فيهما كما في الجزائر.

ولقيت برامج الصندوقين من قبل مهندسي ومقرري الاصلاحات الهيكلية في المراكز المالية الدولية النافذة عطفاً ودعماً استثنائيين واعتبر البرنامج المصري برنامجاً نموذجياً لتدريب مقرري السياسات الاجتماعية في بلدان الجنوب.

وقد اعتمد "صندوق التنمية والتشغيل" في الاردن كثيراً على المنظمات الأهلية ولا سيما منها الرعائية التأهيلية المقربة من الدولة (صندوق الملكة علياء ومؤسسة نور الحسين اللتين حصلتا على ما نسبته 41% من تمويل برامج المدى القصير لمعالجة الفقر). وبرز في لبنان العطف الخاص والدعم التمويلي اللذين حظيت بهما المؤسسات الرعائية التي تديرها نساء الرؤساء في مجالي الصحة والاعاقة.

وفي مصر ساهم "الصندوق الاجتماعي للتنمية" في طفرة تأسيس المنظمات الأهلية الرعائية التي اعتبرها "هيئات وسيطة ومنظمة للمجتمع"، فنبتت كالفطر وأصبحت تمثل فرص تشغيل وارتقاء لكوادر نخبوية متمرسة في الخطاب الاجتماعي والعمل الإداري والمحاسبي وفي مراسلة الاطراف الشمالية الغنية المانحة مباشرة أو بالواسطة.

والأردن وفلسطين وتونس والجزائر والمغرب لمناضلي ونشطاء العمل الاجتماعي سواء في مجال العمل الوظيفي الرعائي والعلاجي أو في مجال العمل الاجتماعي البنيوي، الوقائي، التنموي، والدفاعي من خلال تحول أولئك المناضلين والنشطاء إلى إحلال الجمعيات محل بعض الأطر النقابية والحزبية المحرجة في طروحاتها الاصلاحية. وقد غادر هذه الأطر الكثير من رفاق الأمس المنكفئين عن اليسار السياسي المحرج إلى ما يمكن ان يسمونه بالمنظمات الوسيطة الرعائية والدفاعية المتعاونة مع المنظمات الحكومية وبزعم منهم ان ايديولوجيا التشاركية المروجة بالمفهوم النيوليبرالي يجب ان تحل محل ايديولوجيا الاشتراكية في عصر العولمة.

ومن المعلوم انه لا يمكن تفسير التوسع المتضخم للقطاعات الأهلية في مصر والأردن وتونس والجزائر والمغرب واليمن خلال عقد التسعينات المنصرم دون ربطه بتوسع إجراءات الإصلاح الهيكلي المستفيدة من الانهيار السوفياتي وانحسار التحزب اليساري والاصلاحي والنضالية النقابية الداعمة لمبدأ دولة الرعاية. ولم يعوض عن تدهور جبهة "الديموقراطية الاجتماعية" المتجسدة أحياناً كثيرة بتوتاليتارية الحزب الواحد (مصر، تونس، الجزائر) التوسع الظاهري "للديموقراطية السياسية" المتمثلة بالتعددية الحزبية المنفلتة بعد انتصار الاحادية القطبية في العالم وخاصة بعد حرب الخليج (46 حزباً في الجزائر و43 في اليمن و23 حزباً في الاردن و19 حزباً في المغرب و13 حزباً في مصر و11 حزباً في تونس و6 أحزاب في موريتانيا[11]).

وتجدر الملاحظة إلى انفلات التعددية الحزبية في التيارات غير الاسلامية اقترن غالباً بابتعاد رواد المنظمات الأهلية الذين راحوا ينافسون الأحزاب والنقابات على استقطاب ولاءات المستفيدين والمتطوعين من نخب الفئات المتوسطة، هؤلاء الرواد الذين غالباً ما يكونون المؤسسين ومقرري ومنفذي التوزيعات الرعائية والذين يربطون بين منصب الرئاسة المنتخبة شكليا ورأس

والنقابية: فتستثمر معنويات الرئاسة في تجديد المديرية وتستثمر خدمات المديرية في تحصين الرئاسة إلى ما شاءت الاقدار.

وفي ذلك ما يثير الانتباه إلى تعوق أو تعويق مبادئ المأسسة والطوعية وامكانات المساءلة القاعدية والتشاركية في مجتمعاتنا ومنظماتنا الأهلية الإسلامية وغير الاسلامية في غياب التحزب الديموقراطي بالمقارنة مع ترسيخ هذه المبادئ في المجتمعات المدنية حيث تتكامل حقول نضالات كل من الاحزاب والمنظمات المدنية ولا تتلاغى.

وتختلف علاقة العمل الحزبي بالمنظمات الأهلية في التيارات الاسلامية الاكثر أدلجة للعمل الاجتماعي والاكثر استقطاباً للعمل التطوعي حيث كان نشوء المنظمات الأهلية الإسلامية غالباً مرتبطاً بالأحزاب الاصولية التي تستخدمها وخاصة في ظروف عملها السري داخل الجوامع وحولها كوسائط لرعاية وإغاثة وتعبئة الجماهير المهمشة وإزاحتها بدفع مباشر أو غير مباشر عن وعي ظلمها ومواجهته في الحياة.

عولمة التهميش والتاطير الإغاثي

ويجدر بنا ان نشير إلى أن عولمة التأطير الرعائي والدفاعي انعكست في لعبة الاستقطاب الملحوظة بين بلدان الشمال المانحة التي يحاول كل منها ان توسع دخولها إلى السياسة والسوق في البلدان الفقيرة من خلال دخولها الرعائي التأهيلي في الجماعات والمجتمعات المحلية الفقيرة عبر منظمات أهلية محلية (كما يرجح في توجهات البلدان الاوروبية المانحة فرديا أو جماعياً) أو عبر مكاتب مباشرة لها،(كما يرجح في توجهات وكالة التنمية الاميركية ـ USAID الممولة لمنظمات أمريكية أو لفروع محلية لها في العالم تتولى التنفيذ: كالرؤيا العالمية وجمعية الشبان المسيحيين واتحاد غوث الاولاد ومؤسسة الاسكان التعاوني ومرسي كور وهيئة الاغاثة الكاثوليكية والبعثة البابوية وغيرها).

ذات الايديولوجيا والثقافة اللتين تسوغان نتائج تعميم قانون السوق وحرية التجارة الدولية كمسار ومصير وحيدين للبشرية. وتركزان على انه لابد من تقبل هذه النتائج كاثمان لابد منها لزيادة «روح العقلانية» والواقعية والتقدم والديموقراطية. وإن هناك الكثير من فرص التخفيف من اثمان وسلبيات الاصلاح الاقتصادي والسياسي والثقافي والاخلاقي تقوم على المبادرة والمنافسة كما يقول مدير عام شركة نستله (NESTLE):

"المهم في اصل الحياة هو منافسة الجار"[12]

وتجسدت لعبة التنافس الملحوظة بين منظمات بلدان الشمال المانحة في ثنائية بين قطبين أو تجمعين يتنازعان استقطاب المنظمات الاهلية الجنوبية في محاولات دؤوبة ليوسع كل منهما قوة ضغطه في المحافل الدولية والأممية حيث يكثر التواجه والاصطفاف سواء داخل ممثلي حكومات العالم أو داخل ممثلي الهيئات غير الحكومية القادمة من جميع البلدان.

ولوحظ ذلك في التحضير والمشاركة والمتابعة لمقررات وتوصيات المؤتمرات التي نظمتها الامم المتحدة خلال التسعينات حول السكان والاسكان والتنمية الاجتماعية والطفولة والمراة والبيئة وقد برز التمايز والتعارض بين القطب الذي تقوده منظمات مانحة تنتمي إلى التيار الليبرالي الرعائي (ذي النزوع الاشتراكي الديموقراطي ـ (ALTALLER)) وبين القطب المحافظ الذي تقوده غالبا المنظمات الليبرالية المحافظة والدينية (ICVA).

وهكذا يمكن ان نجد داخل المنظمات الشمالية تيارات تمكينية ذات نزوع ديمقراطي تسعى إلى عولمة ليبرالية رعائية وتخوض مواجهات مستديمة ضد تيارات العولمة الاستتباعية المعوقة للتنمية المستقلة ولقيام دولة القانون والمؤسسات المدنية. وقد حاول بعض هذه التيارات ذات النزوع الديمقراطي في برامج الشراكة التي عقدتها مع منظمات اهلية جنوبية الترويج لما يسمى "بالتجارة المنصفة" أو العادلة (Commerce équitable) فنراها تعمل على تصريف منتجات العائلات الزراعية والحرفية المتعاملة مع المنظمات الشريكة لها

اقتصادية وسيطة في الأسواق الأوروبية. ومن هذه المستوردات من بلدان الجنوب ما يسمى بـ"البن المباشر" والذي يشكل 5% من اجمالي البن المستهلك في انكلترا والشاي والحرف المحلية. وباتت هذه المستوردات تطال اليوم مجتمعة منتجات ومداخيل حوالى 5 ملايين شخص من اصل ثلاثة أرباع البشرية.

في مفهوم الشراكة في التنمية المحلية وإمكانات تحققه

يُشكل مفهوم الشراكة اليوم محوراً للنقاش في الأدبيات السائدة حول اخلاقيات الديموقراطية السياسية وحول منهجيات التنمية الانسانية المستدامة. وهو مفهوم يقوم مبدئيا على تكافؤ الأطراف المتشاركة في التمكن من المشاركة في القرار والتنفيذ والتقييم، ولكن الجماعات تتفاوت في إمكانيات بلوغ هذا الفهم للشراكة وممارسته. وتختلف الأطراف المعنية مباشرة بالتشارك لجهة مصالحها وامكانياتها في تطبيقه ولا سيما عندما تكون الجماعات والأطراف المهمشة قد بلغت من اليأس حد التكيف مع أوضاع تعتبرها أقداراً مقدرة لا يخفف منها إلّا أهل الخير والسلطان.

وإذا كانت الشراكة تقوم في المجتمعات المتطورة مبدئيا على تعاقد الأطراف المتكافئة نسبياً في فهم المواطنة الا إنها تصبح في مثل مجتمعاتنا هدفاً بعيداً إن لم نقل عصياً على التحقق.هدف كثيراً ما أحبطت الجماعات المهمشة من التطلع للوصول إليه. وهكذا يبقى التطلع إلى الشراكة تماماً كالتطلع إلى الديموقراطية. نهجاً يجب أن تتدرج هذه الجماعات فيه وإليه وليس نهجاً يمكنها أن تنطلق منه في تطوير اوضاعها.

وغني عن البيان أن التدرج المرير للفئات الفقيرة أو الضعيفة إلى الشراكة لا بد وأن يتم عن طريق إشراك الجمعيات الأهلية التي يبادر إلى تأسيسها الرواد طامحين في ذلك للتعاقد مع الإدارات الحكومية والمنظمات المانحة. وهذا ما حصل في لبنان منذ ما يفوق على العقود الأربعة في مجال توفير الخدمات

وإذا كان من الطبيعي أن يقوم مثل هذا الإشراك التعاقدي مع الجمعيات الأهلية على توفير الجانبين القانوني والمالي إلّا أن صيغة الإشراك التعاقدي هذه لم ولن ترتقي إلى صيغة الشراكة في بلادنا إذا لم تستهدف تأهيل الجمعيات الأهلية على أنواعها تأهيلاً يفرض عليها شروط المأسسة المتدرجة لإدارتها وذلك :

1. عن طريق تحميل الجمعية المحلية المرشحة للتعاقد نسباً محتملة من الأكلاف المادية أو العينية الضرورية لتنفيذ المشروعات وإنتاج الخدمات التي توفرها.

2. وعن طريق اشتراط تخصص الجمعية المرشحة للتعاقد بحقل محدود من الخدمات يديرها فريق من العاملين المؤهلين بالتخصص الجامعي والخبرة الموثوقة.

3. وعن طريق اشتراط الفصل بين شخص وصلاحيات رئيس الجمعية المنتخب من جهة وبين شخص وصلاحيات المدير التنفيذي لإدارة الجمعية الذي يجب أن يعيّن كموظف متخصص يُقدّر أو يُقال من وظيفته وفقاً لأدائه في تنفيذ خطة عمل الهيئة الإدارية المنتخبة والمشرفة.

4. وعن طريق إشراك المجلس البلدي المنتخب في منطقة عمل الجمعية المتعاقدة و/أو إشراك أحد الفروع الجامعية المتخصصة بطبيعة أعمال الجمعية والمشاريع المتعاقدة عليها مع الوزارات المعنية بالمشروعات أو الخدمات لإجراء التقييم على أساس المؤشرات المتفق عليها في وثيقة المشروع مع الجمعية في نص العقد مع الوزارة.

5. وعن طريف الإشراك التدريجي للمستفيدين في تنفيذ ومتابعة التقييم الدوري لفعالية التنفيذ الكمي الموعود في وثيقة المشروع (Efficacity) ولجودة التنفيذ لجهة وقت التنفيذ وكلفته (Efficiency) وللتأثيرات التي يتركها المشروع في محيطه (Inpacts) .

وهذا ما يجب أن ينطبق على ما تنفذه مراكز الخدمات الإنمائية المرتبطة

مباشرة قبل أن يطبق على ما تنفذه الجمعيات المتعاقدة معها وذلك لتمكين العاملين في المراكز من التعامل مع أهلية الجمعيات المتعاقدة ومستويات تنفيذها للمشروعات المشتركة. واذا كانت المراكز التابعة للوزارة عاجزة عن المشاركة مع الجمعيات فانهاعاجزة هي ايضا عن الشراكة مع فعاليات المجتمع المحلي.
وفي هذا المجال يلاحظ أنه لا يطبق اليوم في إدارة المراكز نص المادة 59 من المرسوم 5734 تاريخ 29/ 9/ 1994 التي تنص على تشكيل لجان إدارية تشارك فيها الهيئات المحلية الرسمية والخاصة بالرغم من أن مصلحة الخدمات الإنمائية في الوزارة سبق لها واقترحت تعديلاً لوظيفة المراكز (في الصفحة 3 من خطة عملها لعام1993) يحولها إلى «وظيفة تنسيق جهود جميع الفئات في النطاق الجغرافي المشارك في التنمية المحلية (بلديات، نواد، جمعيات ومدارس)».

في الشراكة بين القطاعين العام والأهلي

وفي تقديرنا أن الشروط التي تفرضها الوزارة أو المؤسسة المانحة على الجمعيات المرشحة للمشاركة معها هي التي تجعل من إشراك القطاع الأهلي عملية تربوية تأهيلية متدرجة تدفع باتجاه التمأسس في كيان وعمل الجمعية المحلية المنفذة وفي وعي المجتمع المحلي المحيط بها. وهي الشروط التي تعطي للعلاقة مع القطاع الأهلي طابعها المؤسسي الذي يخرجها من منطق العلاقات السياسية مع القوى المحلية إلى منطق العمل التعاقدي ـ التشاركي وتعطي للعلاقات طابعها الاجتماعي الذي يضمن جدوى وفعالية الجانبين القانوني والمالي.

إن مثل هذا الفهم للتوصيف الاجتماعي للعلاقة بين وزارة الشؤون الاجتماعية من ناحية والجمعيات المتعاقدة من ناحية أخرى هو فهم يكفل تحرير القطاعين من الإرتهان المتبادل وهو كفيل بتمكين القطاعين من الارتقاء المتبادل بفعل الإحراج المتبادل. وبهذه العلاقة التجادلية يتدرج القطاع الأهلي من الاشراك إلى المشاركة بالمفهوم المدني الديموقراطي. ولا يعود هذا القطاع

من الفقراء، ليرسّخ عليهم وعلى حسابهم هم، منطق الإحسان لأصحاب السلطة الأهلية السياسية. هذا المنطق الذي تُحسن السلطات الأهلية المحلية استثماره فتعيد إنتاج سلطانها على حساب المهمشين بالذات.

كما وأن مثل هذا الفهم التشاركي كفيل بتطوير القطاع الحكومي وبنقله إلى المعايير المهنية والإنسانية والتنموية الضرورية لبقاء المجتمع والدولة في مواجهة التيارات التي ترجّح اليوم قانون السوق وتنصل الدولة من التزاماتها الرعائية الأخلاقية تمهيداً لتهديد كيانها الإقليمي في خدمة العولمة الرأسمالية المنفلته من عقالها الاجتماعي.

ونحن نرى أن استمرار مراكز الخدمات الإنمائية التابعة لوزارة الشؤون الاجتماعية اللبنانية في صرف ما يقارب الـ 85% من ميزانياتها على الخدمات الطبية وعلى عقود التكليف للأطباء ولا سيما في المناطق التي تكثر فيها الجمعيات الأهلية وفي إغاثة فئات غالباً مالا تكون الفئات الأكثر استحقاقاً للإغاثة هو صرف يكون أكثر جدوى فيما لو تركز على تطوير شروط التعاقد مع الجمعيات الإنمائية. هذه الشروط التي ستضطرها إلى مأسسة إدارتها وأعمالها والتزاماتها التعاقدية مع الوزارة من جهة وإلى تطوير التزاماتها الأخلاقية التكافلية مع الناس من جهة أخرى.

وفي سياق هذا التحول في علاقة الوزارة مع القطاع الأهلي وفي إدارة المراكز التي تشارك الهيئات البلدية والأهلية والجامعية في لجان إدارتها نقترح أن يتم الفصل في كل قضاء بين:

- مركز للخدمات الرعائية يتابع تنفيذ التعاقدات مع الجمعيات ويقيّم تنفيذها مع المستفيدين فتنحصر خدماته في المناطق التي لا يتوفر فيها جمعية مؤهلة للشراكة التعاقدية من أجل تقديم الخدمة المطلوبة من جهة.
- وبين مركزٍ ثانٍ للتنمية المحلية يتولى التشخيص للحاجات وبلورة خطط التنمية المحلية أو المناطقية ومتابعة تنفيذها وتقييم نتائجها من جهة أخرى بالتعاون مع الإدارات الحكومية والمؤسسات غير الحكومية التي تعمل على

المراجع:

1 ـ "مقدمة ابن خلدون" الكتاب الأول، الباب الخامس، الفصل السادس، طبعة دار الكتب العلمية.

2 ـ يورغن هابرماس "الحداثة وخطابها السياسي" ترجمة جورج تامر، دار النهار، بيروت، 2002.

3 ـ أنطوني غيدنز "الطريق الثالث" ترجمة مالك عبيد أبو شهيوه ومحمود محمد خلف، دار الرواد، طرابلس، ليبيا، 1999.

4 ـ أنطوني غيدنز «علم الإجتماع» ترجمة فايز الصبّاغ، صادر عن المنظمة العربية للترجمة ومؤسسة ترجمان _ توزيع مركز دراسات الوحدة العربية، الطبعة الأولى، بيروت، عام 2005، صفحة 732.

5 ـ أنظر أماني قنديل «المجتمع المدني والتحول الديموقراطي في مصر» منشورات دار ابن خلدون _ القاهرة 1995 صفحة 170.

6 ـ راجع سعد الدين ابراهيم «العمل الأهلي في مصر»، القاهرة 1998، صفحة 24 _ 25.

7 ـ أنطوني غيدنز في كتابه «علم الإجتماع» ترجمة الدكتور فايز الصُيّاغ، منشورات المنظمة العربية للترجمة، توزيع مركز دراسات الوحدة العربية _ بيروت 2005.

8 ـ تقرير التنمية الإنسانية العربية للعام 2004 الصادر عن برنامج الأمم المتحدة الإنمائي والصندوق العربي للإنماء الإقتصادي والإجتماعي وبرنامج الخليج العربي لدعم منظمات الأمم المتحدة الإنمائية، صفحة 38.

9 ـ «لاوضاع المعيشية للأسر في لبنان" دائرة الإحصاء المركزي، فصل التعليم - بيروت 1998.

10 ـ السيدة شهيدة الباز "دور المنظمات الاهلية في التنمية المحلية" مركز البحوث العربية -القاهرة- الاسكوا- ص 15-22

11 ـ المرجع السابق ص 14.

12 ـ Voir Ignacio Ramonet, in Le monde Dipl. No° 77, 2004, pp: 6-7.

الفصل السادس

تطور نهج المنظمات الدولية والاسكوا (ESCWA) في مجال التنمية المحلية

مقدمة

تتحصّن الأنظمة الثقافية المهيمنة في ظواهر الحياة الاجتماعية للناس كما في بواطن وعي جماعاتهم عادة في منظومات مفاهيمية معينة. ولا تظهر المفاهيم إلّا في ظروف سياسية ـ تاريخية ملائمة لظهورها، فتتلقفها بعض من نخب الفئات المتوسطة الطامحة إلى التغيير خاصة. ولكن المفاهيم الأكثر رواجاً والأخصب إيحاءاً بخلاص هذه النخب هي تلك التي كانت أعصاها على التحقق. لفد سبق لهذه النخب أن رأت الخلاص في ثنائية مفهومي الحرية والتنمية الاقتصادية والاجتماعية المركزية خلال الربع الثالث من القرن العشرين. وعلى الرغم مما حققته الحكومات المركزية من انجازات قطاعية غير متكاملة، سواء من خلال رأسمالية السوق اومن خلال رأسمالية الدولة، إلّا أن العجوزات الاقتصادية المتراكمة والفجوات الاجتماعية المتوسعة وضعت الحكومات تحت ضغوط سياسية خارجية وداخلية شكلت ظروفاً نفسية ـ ثقافية ملائمة لبروز ثنائية مفهومي اللامركزية والتنمية المحلية.

لقد تصدر هذان المفهومان صدارة الطروحات النيوليبرالية ولا سيما بعد

المجتمعات الصناعية المتطورة وكأنه هو النظام الطبيعي لتقدم أي مجتمع كان، علماً أن هذه المجتمعات لم تنطلق في ماضيها، قبل قرنين وأكثر، من مفاهيم الليبرالية التي تروجها في حاضرها. إنه نظام اقتصاد السوق الذي اقترن بنموذج الدولة القوميةالكولونيالية والنيوليبرالية على امتداد قرنين واكثر في الرأسماليات الصناعية. غير أن تطورنظام السوق المعولم والموجه دائما لخدمة هذه الرأسماليات بدأ يتعارض مع الإلتزامات الرعائية لدولها القومية. هذه الإلتزامات التي كانت تُنفق عليها الدولة باعتمادها سياسات ضرائبية تخفف من أرباح أصحاب الأعمال من اجل تغطية أكلاف التزاماتها في مجال الحماية الاجتماعية. وفي الوقت عينه بدأ مفهوم الدولة القومية وما يقترن به من مفهوم الحمائية الاقتصادية في الدول الفقيرة يتعارض هو أيضاً مع توسعات احتكارات الرأسماليات الغنية في اقتصاديات هذه الدول. هذه الاقتصاديات التي تعمل فيها عولمة الأسواق والاتصالات والمصارف على تحديث ثقافة الاستهلاك على حساب تطويرقدرات الإنتاج والمنافسة. فتتوسع في ظلها آليات الإفقار وتترسخ في العوام المهمشة تقاليد الاجتماع العصبوي والتزلم. إنها الثقافة التي غالباً ما تعتمدها مباشرة أو مداورة القوى الحاكمة لمطاردة النخب النازعة إلى الديموقراطية الاجتماعية وحقوق الانسان.

أجل لقد اقترنت التوجهات النيوليبرالية الضاغطة من أجل إنسحاب الدولة من دورها الرعائي بتغيرات جيوبوليتيكية على الصعيد الدولي أدت بعد الإنهيار السوڤياتي إلى تخلي الدول الغنية عن تغطية مفاسد حكومات الدول الفقيرة وعجزها المتفاقم عن تمويل دورها الرعائي. فشكلت تلك التوجهات وهذه التغيرات الدراماتيكية ظروفاً ملائمة لتحول الكثير من النخب الاصلاحية باتجاه طروحات البنك الدولي والمنظمات الدولية منذ مطلع التسعينات المتمثلة بشعارات الديموقراطية في نظام اللامركزية وبالمشاركة في عملية التنمية المحلية. وهي شعارات وجدت فيها تلك النخب خلاصا مرتجى من جور وفساد حكوماتها على مدار عقود طويلة.

المتحدة الإنمائي» توفرت لها الإمكانيات لاستقطاب خبرات مشهود لقدراتها على التنظير النيوليبرالي لمفهوم التنمية البشرية وبلورة أولويات حاجاتها وتقنيات تنفيذ المشروعات الملائمة لتنميتها وصولاً إلى المشاركة في تقييمها. كما وتوفرت للتقارير السنوية لبرنامج الأمم المتحدة الإنمائي عن التنمية البشرية خبرات فنية عالية في توفير المعطيات الإحصائية عن الأوضاع القطرية والإقليمية وفي احتساب المعدلات المركبة للمؤشرات الأساسية التي تدل على مستويات التنمية البشرية في كل دولة حتى أصبح هذا التقرير مرجعاً مفهومياً واحصائياً ومنهجياً للباحثين وأصحاب القرار والعاملين المتدخلين في مختلف قطاعات المجتمع. وأصبح أيضاً دليلاً للعاملين الناشطين في ترويج ثقافة التنمية المعتمدة على مشاركة الجماعات ولا سيما تلك الأكثر تعرضاً للتهميش.

أولاً ـ تطور مفاهيم المنظمات الدولية في اللامركزية والمشاركة لتحقيق التنمية المحلية

بادر وواصل برنامج الأمم المتحدة الإنمائي منذ مطلع التسعينات إلى إصدار ستة عشر تقريراً سنوياً حول مستويات ومؤشرات التنمية البشرية بمفهوميها التكاملي والتشاركي. واقترنت تشخيصاتها الإحصائية بأدبيات تحليلية وسجالية حول المفاهيم والمنهجيات. وان المقارنة بين مضامين المفاهيم المروجة خلال العشرية الممتدة من تقرير 1993 الذي وردت فيه الأدبيات التأسيسية للتوجهات الدولية الجديدة من جهة وبين تقرير 2003 من جهة أخرى تبين أن التطور في التعريف بمفاهيم اللامركزية والتمكين والمشاركة كشروط متلازمة في المنهج التكاملي الديموقراطي للتنمية المحلية كان تطوراً محدوداً.

1 ـ **ففي الحديث عن اللامركزية** ورد في تقرير عام 1993 (صفحة 6) أن «نقل السلطات من العواصم إلى المناطق والبلدات والقرى قد يكون احدى أفضل طرائق تمكين الناس والنهوض بالمشاركة العامة وزيادة الكفاءة... واللامركزية تؤدي أيضاً إلى زيادة الضغط على الحكومات لكي تركز على

الاهتمامات البشرية ذات الأولوية (تقرير 1993 صفحة 6)[1]. وتتكرر المضامين الرئيسية لهذا التعريف للمشاركة في «تقرير التنمية البشرية للعام 2003»، وإن بصياغات معدلة أو اضافات ميسّرة، في إشارات إلى علاقة الحكم المحلي المباشر مع الناس وقربه منهم وسرعة استجابته لاحتياجاتهم وتوفير الشفافية والمحاسبة وتحصيل أسرع للمعلومات...» (تقرير 2003 صفحة 134)[2].

وإذا كان تقرير التنمية البشرية لعام 1993 قد أشار إلى مخاطر تطبيق اللامركزية وإمكانية أن تنتهي «إلى تمكين الصفوة المحلية بدلاً من تمكين الناس المحليين» ولم يُشِر إلى مواقع وتفصيل أنواع المخاطر فإن ذلك يعود إلى أن التقرير صدر قبل ترسّخ التجارب وبروز مشكلاتها في البلدان الخارجه من الأنظمة المركزية التوتاليتارية أو من الأنظمة الفقيرة المستبده. وكان صدوره في قمة موجة التبشير باللامركزية بعد الإنهيار السوڤياتي وصعود موجة التنظير لفرص الخلاص من الإستبداد والفقر التي سبق لدعاة النيوليبرالية ان روجوا لها خلال الثمانينات. وجاءت الإضافات البالغة الأهمية في التقرير الثاني (2003) لتمثل تطويراً لمفهوم اللامركزية مستندة إلى خلاصات عن التحولات التي شهدتها الدول النامية والدول ذات التوجه السوڤياتي السابق خاصة من المركزية إلى اللامركزية بعد مرور عشر إلى خمس عشرة سنة على تجارب تحولها. وقد جاء في تلك الخلاصات أن أبرز شروط التحول إلى اللامركزية هو أن تكون المركزية «مستقرة وموسرة بما يكفي للوفاء بالتزاماتها المالية... وأن تكون ملتزمة بتحويل المسؤوليات والموارد معاً... وعندما تكون هناك مشاركة فعالة من الفقراء ومن مجتمع مدني منظم جيداً»(تقرير 2003 صفحة 137 ـ 140) ما يوفر ضغطاً على الحكم المحلي من المركزية القادرة (أي من فوق) ومن المشاركة الشعبية (أي من تحت).

وهنا تجدر الإشارة إلى أن مثل هذه الشروط التي لا تتوفر إلّا في بلدان تنعم بديموقراطية سياسية وبمستوى من التنمية البشرية يمكّنها من الإلتزام بتمويل تعهداتها في مناطق الحكم المحلي هي شروط لا تتوفر في البلدان الفقيرة

نظام اللامركزية في غياب الشروط المشار إليها في مثل هذه البلدان حيث تستطيع الجماعات المهيمنة والمصالح الضيقة اختطافها... ففي ساحل العاج وغانا وكينيا ونيجيريا وأوغندا وعينيا الجديدة كما في المكسيك وبنغلادش لم تؤدِ مثل هذه اللامركزية لا إلى مشاركة شعبية أكبر ولا إلى نتائج اجتماعية اقتصادية أفضل للناس الفقراء.

2 ـ وفي الحديث عن المشاركة لم يكن حظ مفهوم المشاركة أقل من حظ مفهوم اللامركزية في موجة التبشير النيوليبرالي للجماعات المعانية من الفقر والتوتاليتارية وذهب التنظير في (تقرير 1993 صفحة 21) إلى حد اعتباره مفهوماً خلاصياً يدغدغ أحلام المهمشين أينما كانوا لأن «المشاركة من الناحية الاجتماعية هي القدرة على الإنخراط الكامل في جميع أشكال الحياة المجتمعية دون مراعاة للدين واللون والجنس أو العنصر... ولأن المشاركة من الناحية السياسية هي حرية اختيار تغيير الحكم على كل مستوى بدءاً من قصر الرئاسة وصولاً إلى مجلس القرية». ويصل التبشير بمفاعيل اعتماد المشاركة كمنهج إلى حد تمكن الناس من تصحيح اخفاقات الأسواق والحكومات وصولاً حتى إلى تصحيح مسارات المنظمات الدولية ومنها بريتون وودز وإلى فرض نظام تعددي داخل الحكومات وداخل الأحزاب.

إلّا أن منظري المشاركة في تقرير التنمية البشرية لعام 1993 لم يفصِّلوا في المستلزمات الصعبة لتحقق هذه التبشيرات عندما قالوا أن «المشاركة هي وبعد كل شيء عملية وليس حدثاً».

وبعد مرور 10 سنوات على تفاؤلات تقرير البرنامج الإنمائي للأمم المتاحدة 1993 حول مفاعيل المشاركة الموعودة ومرور 5 سنوات على التفاؤلات اللاحقة لرئيس البنك الدولي السابق وولفنستون حول «الاستنتاج بأن المجتمع المدني قد يكون أكبر عامل منفرد في التنمية» (التقرير السنوي للبنك الدولي لعام 1999 ص ص 139 ـ 140) ظهر في التقرير السنوي لعام 2001 لمنظمة الصندوق الدولي للتنمية الزراعية (IFAD) «أن مشاركة الفقراء بمشروعات

تضمنت هذه المشروعات ما يلبي حاجاتهم المعيشية (على المدى القريب)» «فالحاجة الملحة للحطب من أجل التدفئة تحول دول المشاركة في مشروع بيئي لحماية الغابة»... «وأن منظمات المجتمع المدني المنظمة للشراكة تعاني من البطء في تعبئة الموارد المحلية وفي السعي لتحقيق الإكتفاء الذاتي، وتقوم الجهات المانحة بمساندة منظمات غير حكومية عاجزه عن الاستمرار»... «وأن هذه المنظمات تخضع عادة للأقوياء من غير الفقراء» (ص ص 191 و208).

وتبين خلال أكثر من عقد ونصف على الترويج لمفهوم المشاركة كمفهوم خلاصي ومفتاح لاطلاق عملية التنمية أن المعوقات الأساسية للمشاركة هي معوقات ماكرو اقتصادية وماكروسياسية باتت في ظل تحرير الأسواق تترسخ بفعل العجز المتزايد للدولة عن المبادرة ومتابعة التدخلات المحلية. وتبين أن مفاعيل اللامركزية والمشاركة الموعودة على صعيد تطور دور المرأة في القرار الوطني والأسري (التقرير السنوي لمنظمة UNDP لعام 2003 صفحة 135) اصطدمت بمفاعيل اقتصاد السوق المفتوح. ففي هذا السوق توسعت البطالة النسائية مقترنة بتوسع للرقيق الأبيض في البلدان الفقيرة وبلدان الخروج العشوائي من الاقتصاد الإشتراكي السوڤياتي في أوروبا الشرقيةالشقراء.وتجدر الاشارة إلى ان هذه الظواهر كانت تتفاقم في الوقت الذي تتوسع فيه أدبيات المؤتمرات الدولية التي توصي بتشريعات متقدمة لحقوق المرأة وبتمويلات لدعم الأنشطة التدريبية على حقوقها وعلى التخفيف من فقرها من خلال مشروعات صغيرة لا تحضنها أي حاضنة أعمال متخصصة ولا تحميها في الأسواق الداخلية أي سياسة اقتصادية ـ اجتماعية حمائية ذكية.

ثانياً ـ حول مفاهيم الإسكوا في التنمية المحلية

صحيح أن منظومة مفاهيم الإسكوا في التنمية المحلية لم تخرج عن النطاق النظري لأدبيات المنظمات الدولية وإن كان اعتمادها لبنية المفاهيم ينحو إلى مقاربة نقدية وعملانية وغير متصالحة دائما مع التبشير النيوليبرالي بمفاعيل

المشاركة في ظل الأسواق المحررة وتراجع قدرات الدول الفقيرة وفساد إداراتها. ولكن إضافات منظمة الإسكوا المميزة عن مثيلاتها تعود إلى طبيعة أهدافها التطبيقية في تعزيز الوعي التنموي وفي بناء القدرات المؤهلة لتصميم التدخلات وبرمجتها. وهي أهداف تتجه لتغيير أوضاع عربية قطرية أو مناطقية محددة في أنظمة سياسية وثقافات ومستويات نمو محددة. وهذا ما يجعل اعتمادها من قبل الباحثين والخبراء المتدخلين اعتماداً مسؤولاً لا يقتصر تقييمه على نصوص نظرية مجرده بل يتعداها إلى مواقف تتعلق بحياة الجماعات فتُجزي أصحابها ثواباً مباشراً أو عقاباً مباشراً. وهذا أيضاً ما يجعل تعريفها لمفهوم التنمية المحلية أكثر تكاملية وعملانية: فترى أن مفهوم تنمية المجتمع المحلي يرتكز على «كونها عملية تغيير ارتقائي ومخطط للنهوض الشامل المتكامل لجميع نواحي الحياة فيه، يقوم بها أبناؤه بنهج ديموقراطي وبتكاتف المساعدات من خارجه»(*).

وبفعل الطابع التطبيقي لأهدافها ترتبط مقاربة الإسكوا بضرورة خلوص التشخيص لأوضاع اجتماعية محددة إلى استراتيجية تدخل محددة قابلة للتفرع إلى برامج وأنشطة محددة ومتكاملة. وفي هذا السياق تتكامل الإختصاصات العلمية القطاعية في مقاربات الخبراء مع الرؤية السوسيو ـ اقتصادية البنيوية لعلم اجتماع التنمية وفي إطار هذه الممارسة العلمية التشاركية والاختبارية مع الجهات الواعية والفاعلة في المجتمع المحلي أو المنطقة تتوفر فرص بناء الموديل التنموي الملائم للمجتمعات المتشابهة في مواردها وحاجاتها وامكانياتها. هذا الموديل الذي تسعى الإسكوا إلى بلورته واختبار فعاليته في إدارة التنمية المحلية والمناطقية بعد تكييفه ليتلاءم مع الخصوصيات الثقافية ـ الاجتماعية والسياسية الاقتصادية في المجموعات المتمايزة للبلدان العربية.

_____

ثالثاً ــ منظومة أنشطة الإسكوا
في خدمة منهج التنمية المحلية I

انسجاماً مع الهدفين الأساسيين لنهج الإسكوا التدخلي في تنمية المجتمعات المحلية في البلدان العربية (تعزيز الوعي التنموي وبناء القدرات المؤهلة للتصميم والبرمجة) بادرت الإسكوا منذ أعوام، كما سبق واسلفنا، إلى بذل جهود بحثية وتطبيقية باتجاه بلورة موديل للتدخل في تنمية المجتمعات المحلية العربية يهدف :

ــ إلى إطلاق عملية الوعي لآليات التنمية المتكاملة المستويات .

ــ وإلى بناء القدرات والكوادر المؤهلة لتشخيص أوضاع وموارد المجتمع المحلي .

لقد عمدت الإسكوا إلى تحقيق الهدف الثاني من خلال التدريب:

ــ على «بناء القدرات لدى الهيئآت واللجان» .

ــ لتمكين العاملين من أساليب تخطيط وتنفيذ المشروعات .

ــ ولتمكين الجماعات المحلية من تحسين إنتاجياتها ومشاركاتها ومسؤولياتها .

واستفادت الإسكوا من تجاربها الأولى في التدريب لتتعرف على مستلزمات الإرتقاء باتجاه التدريب المتخصص بالتنمية المحلية. فأقدمت على إنتاج واعتماد برامج متخصصة لبناء القدرات والكوادر وتعبئتها لا يتوفر مثلها في الأدبيات الحكومية وغير الحكومية العربية. وعمدت إلى بناء شراكات مع منظمات إقليمية وقُطرية ودولية لتحقيق هذه البرامج.

فأصدرت الأدلة والبرامج التالية :

1. «دليل تنمية المجتمع المحلي» وفيه خلاصة فنية ومنهجية لمسائل تطبيق منهج التنمية المحلية،

2. «برنامج تأهيل العاملين في تنمية المجتمع المحلي» وفيه موضوعات تدريبية ووثائق حول برامج تجارب تنموية،

3. «دليل تأهيل المدربين في تنمية المجتمع المحلي» وفيه مرجع تقني للمفاهيم والمداخل والمناهج التدريبية،

4. «برنامج تأهيل المدربين في تنمية المجتمع المحلي» وفيه تعديلات أعقبت اختبار الدليل والبرنامج التدريبي،

5. «دليل المدرب لورشة تأهيل العاملين في تنمية المجتمع المحلي» وفيه شرح لإعداد وتنظيم ورش التدريب،

6. «دليل البحث بالمشاركة لتنمية المجتمع المحلي» وفيه تأهيل على بلورة الشراكات والتشخيص،

7. «برنامج تأهيل الباحثين في التنمية المحلية» وفيه خلاصات من الورشة الإقليمية حول الشراكات.

وقد ترافق اصدار هذه البرامج والادلة بشراكات عقدتها الإسكوا مع منظمات اقليمية ودولية ومحلية وبلديات ووزارات لتنظيم 11 ورشة تدريبية في لبنان وسوريا والأردن ومصر واليمن وقدمت المشورة الفنية لستة من منظمات محلية شريكة في لبنان.

ولم تقتصر أدبيات الإسكوا على إنتاج أدلة وبرامج التدريب والتأهيل للعاملين والباحثين والجماعات المعنية وحسب بل استفادت في إغناء منهجها التطبيقي من تجاربها الأربع في مصر وسوريا ولبنان والأردن ومن تجارب المشاركين في دوراتها التدريبية وطالبي مشوراتها الفنية في الهندسة التنفيذية لبرامج التدخل في تنمية المجتمع المحلي. فعمدت إلى تحديد المراحل التنفيذية لهذه البرامج على الشكل التالي:

ـ مرحلة التعرف على أوضاع المجتمع المحلي مع تفصيل تقنيات تشخيصها.

ـ مرحلة تحديد أبرز حاجات التنمية والإمكانات المتاحة.

ـ مرحلة وضع خطة التنمية وفيها أولويات التدخل وتوزيع المهام التنفيذية والبرنامج الزمني لإنجازها.

ـ مرحلة متابعة التنفيذ وتقييمه.

رابعاً ـ في تطوير أدبيات الإسكوا

إن أكثر الخلاصات التي تميزت الإسكوا بإبرازها حول تجاربها كانت في تقديرنا خلاصاتها التي تفصّل المعوقات الماكرواجتماعية والمعوقات الإدارية والتشريعية بالإضافة إلى معوقات الثقافة المحلية السائدة وندرة الخبرات البشرية والقدرات المؤسسية.

وعلى الرغم من تجرؤ أدبيات الإسكوا على التناول النقدي للمعوقات الماكرو اقتصادية الناجمة عن تحرير الاسواق قبل بلوغ القدرات التنافسية المؤهلة على الإنتاج التصديري وعلى تناول فساد الإدارات المعنية والمشاركة في تنفيذ البرامج التنموية إلّا أن هذه الأدبيات أغفلت في خلاصاتها مسؤولية الأطراف النيوليبراليين الداخليين والخارجيين عن تعطيل أدوار الأحزاب السياسية الديموقراطية الإصلاحية وفي تعطيل أدوار النقابات كضمائر للجماعات المعرضة للإفقار وكمؤسسات قادرة على المتابعة والرصد والتقييم لسياسات الحكومات. وكم كان مفيداً إشراك قيادات الفروع الحزبية والنقابية في المناطق من مفاعيل الدورات التدريبية لإعادة تاهيلها لتمكيها من إسناد دورها السياسي والمطلبي على معرفة منهجية للمناطق والجماعات التي تعمل في أوساطها لتستقطبها إلى جانبها. وبهذا تتمكن من تجاوز الخطاب التعبوي السياسوي أو النقابوي الذي ينزل عليها من قياداتها لتعود فتروجه بدورها محلياً في مواجهة بعضها بعضاً فتسهم في تسعير التعصب الذي يُبعدها عن أولويات الحاجات الاقتصادية والاجتماعية أي التنموية لقواعدها. ولذلك فهي لا تُحرج، والحال هذه، قياداتها في تعاملها مع السلطة الحاكمة المسؤولة عن التهميش الاجتماعي.هذا التهميش الذي يوفر الظروف الملائمة للتطرف الطائفي أو الإتني. ومع نمو هذا التطرف ينزاح وعي الفقراء عن ظلمهم في دنياهم إلى وعي ايماني بالعدل الإلّهي في آخرتهم وتتعطل عملية تشكل المجتمع المدني العقلاني التعاقدي فيتعطل بناء القدرات البشرية والمؤسسية الضامنة لأهداف التنمية المحلية والنفاذ لنجاحها

كما وأن الإسكوا التي عقدت شراكات مفيدة ثقافياً ومهنياً مع المؤسسات المحلية والإقليمية والدولية المعنية بتنمية المجتمع المحلي يمكنها أن تشمل في شراكاتها المجالس البلدية المنتخبة من الجماعات المحلية وهي المعنية وفقاً لقوانين البلديات والإدارة المحلية بإدارة حيّز من الشؤون ومرافق الخدمات العامة وبتحسين استثمار الموارد المشتركة في المجتمعات المحلية. إن مثل هذه الشراكة تساهم بالإرتقاء بهواجس الترشح والترشيح التي تحكمها العلاقات الزبائنية الشائعة في تركيب السلطات الأهلية لمجتمعاتنا وهي العلاقات التي تربط وجهاء العائلات بزعماء المناطق. وهي في كل الاحوال هواجس لم ولن ترتقي إلى المعايير التنموية التي يتضمنها تعريف التنمية المحلية المُشار إليه في تعريف الإسكوا (الإرتقاء بالوعي والقدرات...).

ولا بد لنا من التنويه بهاجس الإجتهاد المنهجي الذي برز في إقدام إدارة التنمية الاجتماعية وفريق التنمية المحلية في الإسكوا على وضع أدبيات الفريق بين يدي الباحثين لتكون موضوع تقييمات تسهم في تطوير مضامينها الثقافية والمنهجية، وتُخرجها من الحيز الضيق لورش العمل والمشورات وتوزيع الأدلة والبرامج المرجعية التي لا تطال في أوقات واقطار متباعدة إلّا فئات محدودة من العاملين والمدربين.

ولهذا نقول أن إصدارات الاسكوا المشار اليها اعلاه التي غلب على صياغاتها هاجس التأسيس لثقافة مهنية للعاملين في القطاع الاجتماعي لم يُفسح فيها المجال للنقد النظري أو المنهجي للتقنيات التي يشيعها ويلقنها تكنوقراطيو التدريب الا انها شكلت ذخيرة ضرورية لتطوير مهارات التشخيص والتدخل التنموي الحكومي وغير الحكومي في البلدان العربية، وذخيرة جدية يمكن للباحثين الاكاديميين العرب أن يأصلونها فيحولونها إلى مساهمة متميزة في علم اجتماع التنمية التطبيقي.

إن هواجس الإجتهاد والتجديد في مفاهيم ومناهج تنمية المجتمع المحلي

لتصبح هواجس ثقافة النخب المتنورة ولا سيما منها نخب الشباب الطامح إلى التغيير فتدخل في ثقافةالناس اليومية ووعيهم لحقوقهم وخاصة في برامج التعليم الثانوي وفي برامج الوحدات الجامعية المعنية بعلوم التنمية المتكاملة وأبرزها:

ـ علم الاجتماع حيث تُطرح تصنيفات الحركات والربط بين قوانين التكييف التي تفرضها بُنى المجتمع العام وبين خصائص التكيف إيجاباً أو سلباً في بُنى المجتمع المحلي وكذلك التحولات الاجتماعية وتصنيفات المقاربات المنهجية وتقنياتها.

ـ وعلم النفس الاجتماعي حيث تُطرح ديناميات الجماعات والقيادة وشروط الريادة والعلاقات بين أدوار الأفراد ومراكزهم في المجموعات أو ما يتردد اليوم كثيراً في ما يُسمى بنظرية التفاعلية (Interactionnisme) أو الميكروسوسيولوجيا.

ـ وكذلك علم الإنتروبولوجيا الثقافية والاجتماعية الذي بدأت موضوعاته ومقارباته تحتل حيزاً مهماً في ما يُسمى بأنتروبولوجيا التنمية وخصائص الأنظمة الخاصة في الثقافة المحلية الغالبة منها والمغلوبة.

ـ والإتنوميثودولوجيا القائمة على النفاذ من التعبيرات الثقافية الخاصة باللغة المحلية إلى النظام الكامن في وعي الجماعة.

وغني عن البيان أن الشراكة مع الوحدات الجامعية في مناطق التدخل التنموي توفر للمشروع مورداً لتطوع الشباب. هذا الشباب المتنور المرهق بالتلقين السلبي والمربك بالفجوة المتعاظمة بين هواجس المواد التعليمية التي لا تمكنه من المشاركة في اختبار مدى صلاحيتها لفهم وتغيير الواقع من جهة وبين معوقات التغيير والتنمية التي لا قدرة له على فهمها خارج الثقافة التقليدية المهيمنة في أوساطه والمحددة لتلك المعوقات في هذا الواقع. ولهذا تصبح مشاركة الشباب:

ـ ضرورة لمنهجة تعرفهم على مجتمعهم المحلي.وعلى حدود وامكانيات التغيير فيه

الأطراف المتدخلة في تنميتها وعلى إشاعة ثقافة جديدة في محيطاتهم الأهلية وفي المؤسسات المحلية والأطراف التي ينتخبونها لتمثلهم.

- ومساهمة كبيرة في اختيار وتصحيح مضامين مقرراتهم التي يدرسونها.
- ومساهمة في تحصيل ثقافة نقدية إيجابية وإنسانية تُبعدهم عن الأفكار العصبوية والشعبوية والتطرفية التي يرثونها أو يتلقونها.

إن مثل هذا التشبيك الذي بات على محترفي منهج التنمية المحلية أن يجهدوا لترسيخه في ما بين المنظمات غير الحكومية والمجالس البلدية والوحدات الجامعية هوالفهم القادرعلى ان يعيد إلى مكونات المجتمع المحلي تكامليتها. هذه التكاملية التي لا تبوح بمكنوناتهاالا بتكامل مقاربات العلوم المختلفة. وهذا ما يجعل منهج التنمية المحلية منهجاً مُحرجاًو فاعلاً في تكييف منهج التنمية الوطنية وليس منهجاً منفعلاً من خلال التكيف السلبي معه فقط.

المراجع

1 ـ تقرير التنمية البشرية لعام 1993، الصادر عن برنامج الأمم المتحدة الإنمائي.

2 ـ تقرير التنمية البشرية لعام 2003، الصادر عن برنامج الأمم المتحدة الإنمائي.

3 ـ التقرير السنوي للبنك الدول لعام 1999.

4 ـ التقرير السنوي لعام 2001 لمنظمة الصندوق الدولي للتنمية الزراعية (IFAD).

5 ـ "دليل تنمية المجتمع المحلي"، الأمم المتحدة، الاسكوا ـ الجزء الأول.

موضوعات وقضايا خلافية في تنمية الموارد العربية

الفصل السابع

في التقييم الدولي للأوضاع
والتجارب التنموية العربية

أولاً: ماذا أضاف التقرير العربي الصادر
عن برنامج الأمم المتحدة الإنمائي حول التنمية الإنسانية؟

اقترن الاهتمام بصدور التقرير الأول لبرنامج الأمم المتحدة الإنمائي المخصص لقياس مستويات التنمية في البلدان العربية: بالتساؤل حول جديده المبرر لصدوره سيما وأن هذا التقرير جاء بعد إثني عشر تقريراً عالمياً خصصت سنوياً لقياس المؤشرات المركبة والمفصلة عن مستويات التخلف والنمو النسبيين للأوضاع في بلدان العالم ومن بينها البلدان العربية بالطبع. وأن هذا التقرير جاء بعد ارتفاع عدد الأقطار العربية التي أخذت تصدر تقاريرها الوطنية السنوية منذ منتصف التسعينات إلى ثلاثة عشر قطراً. وأن المعطيات الإحصائية التي تضعها الإدارة القطرية في تقريرها هي ذاتها التي توفرها للوكالة الدولية المولجة بإنتاج التقرير العالمي (UNDP) وإن اختلف عرضها بين الإجمال والمقارنات الدولية في التقرير العالمي وبين التفصيل والمقارنات المناطقية والشهادات ومعاينة الحالات في التقرير القطري.

ويكثر التساؤل حول سبب تأخر صدور هذا التقرير مدة خمس سنوات عن

في وجه الحكومات. ويشتبه بعض الزملاء كالدكتور نجيب عيسى مثلاً في أن التوقيت أتى بعد 11 ايلول 2001 ولا نرى هذا التفسير بعيداً عن الواقع باعتبار ان المنظمات الدولية اصبحت بعد هذا التاريخ اكثر استقواء في وجه الحكومات وأقل حرجاً حيالها لجهة تحميلها المسؤولية في نواح عدة من سياساتها. وخصوصاً ان هذه الحكومات مربكة ومحرجة سياسياً وشعبياً عشية صدور التقرير عام 2002، في ظل حصار الانتفاضة وتهديد كيان العراق، وتبعات 11 أيلول.

ولكن صدور التقرير ولو متاخرا يمكن ان يُفهم على اعتبار ان كل إدارة اقليمية داخل برنامج الأمم المتحدة الانمائي يفترض بها ان تقوم بدورها، المشابه في المنطقة العربية بدور منظمة الاسكوا، فتبرز ما تراه من خصائص في اوضاع اقليمها بالاضافة إلى تبريرموازنتها. وهذا ما قام به المكتب الاقليمي للبلدان العربية التابع للأمم المتحدة من خلال اصدار هذا التقرير. وهنا نسأل أما كان ممكناً ان يساهم المكتب الاقليمي في تعميق البحث في آليات تعويق وتعوق تنمية الاوضاع العربية وفي ابتداع مؤشرات أفعل في تفسير نتائج تلك الآليات؟ والحاجة إلى تعميق البحث تبرز عندما نقرأ في التقرير ان قياسه لمعيار الحرية كتحدٍ اول في التنمية العربية، يقتصر على المشاعر والانطباعات، وهذا ما يطرح تساؤلات حول نفاذية هذا المقياس المعتمد لرصد مدى الحرية. فاذا كان خبراء التقرير يعتمدون لرصد الحرية قياس انطباعات الناس، فإن هذه الانطباعات غالبا ما لا تعبر عن سرائرهم. والامر نفسه ينطبق على مواقف الناس ومدى حريتهم في ممارسة الاقتراع المعلّب في الانتخابات البرلمانية أو المحلية مثلاً، حيث يضطر جمهور واسع من المعارضين لانتخاب ممثلي السلطة إما محاباة واما خوفاً وإما تسليفاً للزعيم ليرد السلفة اليهم عندما يتوجهون اليه بطلب الانتفاع من موارد الإدارات العامة أو خدماتها أو بطلب تسهيل تجاوز القانون.وهذا ما يشيع في البلدان التي تتفاقم فيها البطالة والازمات المعيشية

وعلى صعيد آخر نلاحظ ان التقرير لم يتوصل من خلال ابرازه لخصوصيات الثقافة العربية الاسلامية إلى بلورة مؤشرات خاصة لقياس الاوضاع العربية المتنافرة. ولذلك نرى ان حصر التقرير في قراءة المؤشرات الإحصائية الإجمالية في المنطقة العربية ككل ليس له ما يبرره وذلك لاختلاف الاوضاع بين الاقطار العربية إلى حد التنافر أحياناً كثيرة: فليس هناك مسوِّغات كافية لاعتماد مؤشرات موحدة لقياس الأوضاع الاقتصادية الاجتماعية والسياسية المتراكمة خلال الظروف التاريخية المختلفة للموارد والبنى الاجتماعية والسياسية في كل من مجتمعات البحرين ومصر ولبنان والصومال وإن تشابهت في مكونات أساسية لجهة التراث والثقافة.

وإن حصر الحديث على التنمية في العالم العربي دون سواه من البلدان النامية الاخرى ليس له ما يبرره سوى الايديولوجيا "العروبوية" والبيروقراطية التي تحكمت بصياغة التقرير. ان بعض الدول العربية يمكن ان تُقارن على صعيد الامكانات والمعوقات الاقتصادية ـ السياسية للتنمية فيها مع دول نامية غير عربية (العراق وفنزويلا مثلا) انطلاقاً من موارد وظروف متشابهة تواجهها في السوق الدولية. اما وأن يقتصر الحديث في التقرير على المنطقة العربية وحسب ففي ذلك افتعال لعلمنا أن وتيرة التقدم المؤسسي والاقتصادي والعلمي في الكثير من الدول العربية تتشابه مع وتيرة هذا التقدم في دول نامية اخرى غير عربية بسبب التشابه في المحددات العالمية للاوضاع السياسية والاقتصادية.

وهنا نعود إلى التساؤل عما قدمه التقرير من جديد في طرح مسائل التنمية؟

فعلى الصعيد التقني كان من الطبيعي أن يستند تقرير الأمم المتحدة الإقليمي حول التنمية الإنسانية العربية على المعطيات نفسها التي ارتكزت عليها تقارير دولية سابقة ومنها الاثنا عشر تقريراً الصادرة عن الامم المتحدة أيضاً منذ عام 1991. إضافة إلى التقارير العربية القطرية الثلاثة عشرة التي توالت في الصدور منذ أواسط التسعينات. ونرى هنا إن التقرير المصري الذي بدأ بالصدور منذ

ومن ايجابيات التقارير القطرية هذه احتواؤها معلومات وتفاصيل قطاعية ومناطقية عن اقطارها، فأين يتقدم تقرير الامم المتحدة العربي بالمقارنة معها؟ فهو اخذ المعطيات نفسها التي استندت اليها تلك التقارير، ومن مصادرها الحكومية القطرية، وهو تاليا لم يستطع تعويض النقص في الاحصاءات الذي تشكو منه هذه التقارير. فعلى سبيل المثال لم يعوض تقرير الامم المتحدة العربي النقص في الاحصاءات التربوية لثلاث عشرة دولة عربية.

فأين هو الجديد في «تقرير التنمية الإنسانية العربي»؟

هل هو على صعيد المفهوم؟ يبدو أن الجديد هو في توصيف التنمية بـ«الإنسانية» بدل توصيفها بـ«البشرية» وفي التأكيد على أن رأس المال البشري هو مفهوم «يعامل الناس كمُدخل (Input) في عملية التنمية وليس كمنتفعين منها»[1]. وأن التنمية الإنسانية تتجاوز مرحلة تنمية الموارد والقدرات البشرية إلى مرحلة الحرية وإتاحة الفرص لاستخدام هذه القدرات في الخيارات المتوسعة أمامهم. وفي مثل هذا الاختزال لمفهوم التنمية البشرية يكون المؤلف قد أغفل أمرين:

1. الأمر الأول هو أن تقرير التنمية البشرية العالمي تطرق دائماً إلى الحرية عندما كان يتطرق إلى المشاركة والثقافة والجندرة واللامركزية وذلك عبر جهد في قياس مؤشرات الدخل والعمر المتوقع والتعليم ومشاركة المرأة والانتخابات والوصول إلى التكنولوجيا. وكان يفهم منه أنه يربط جدلياً بين مستويات ما يحصله الناس في هذه المجالات من جهة وبين مستويات قدراتهم على وعي وفرض وتحصين حقوقهم الاقتصادية والاجتماعية والثقافية والسياسية من جهة ثانية. هذه الحقوق التي يميل خبراء التقرير العربي إلى تسميتها بالحريات الوسائلية.
2. والأمر الثاني الذي أغفله خبراء التقرير العربي هو أن التقرير العالمي لبرنامج

الأول لعام 1997. وجوبه آنذاك من الأصوات المقررة للحكومات المتضررة من هذا الطرح. وأن التقرير العالمي لعام 2002 عاد إلى الطرح المباشر لأهمية الحرية كشرط ضروري للتنمية في البلدان النامية وإن كانت هناك فجوة تتزايد في بعض البلدان بين الممارسات والأهداف المعلنة في الديموقراطية والتنمية(*).

ما استحدثه التقرير العربي وما أغفله

لقد أصبح خبراء التقرير العربي أقل حرجاً في إبراز الحرية كتحد أولي للتنمية في بلداننا وذلك بعد أن أصبحت المنظمات الدولية أكثر استقواءً على الحكومات العربية المحرجة بعد 11 أيلول. ولم يعوض التركيز على مؤشرات الديموقراطية السياسية أو الحرية الوسائلية الموصلة إلى ممارسة حرية الخيارات عن إغفال مؤشرات الديموقراطية الاقتصادية أو «الحرية الوسائلية» في مجال توزيع الدخل. هذه الديموقراطية التي تتيح الوصول التدريجي إلى القدرات البشرية اللازمة لتحصيل تدريجي للوعي المدني ولممارسة المشاركة والمساءلة.

يضاف إلى كل ذلك ان التقرير لا يعتبر سبّاقاً في تناول مسالة الحرية لعلمنا ان تقرير التنمية البشرية الصادر عن برنامج الامم المتحدة الانمائي عام 1991 كان قد سبقه إلى ذلك، ولكنه جوبه بالضغط آنذاك من جانب الحكومات كما سبق وأشرنا إليه. ويمكن القول ان تقرير التنمية الانسانية العربية الصادر عام 2002 كتب تحت السقوف السياسية والايديولوجية التي تسمح بها المنظمات

(*) بالرغم من تراجع نصيب الفرد من الدخل في 26 بلداً بين عامي 1980 و2000 وتحول معدل النمو إلى معدل سالب في 52 بلداً خلال التسعينات وعودة 34 بلداً من أصل 81 إلى حكم التسلط بعد أن تحولت إلى تعددية. (وفقاً لما ورد في عرض عام صادر عن الUNDP ووزع

الدولية والتي تتشكل هيئاتها المقررة من ممثلي الدول، اي الوزراء، الذين يحضرون الاجتماعات في مؤتمرات الأمم المتحدة.

وفي سياق الكلام عن الحرية يبرز النقص في الروح الجدلية في عروض التقرير العربي لأن عمليات نمو الاوضاع الاقتصادية والسياسية والاجتماعية والثقافية هي عمليات متعاقبة ومتجادلة تصاعدياً، ولا تتقدم أو تنمو في شكل متواز. فلا يمكن أن يستديم تقدم أو نمو في الاقتصاد دون ان يرافقه ويحصّنه تقدم ونمو على المستويين التعليمي والسياسي. ولا يمكن ان يتحقق ويستديم تقدم أو نمو على مستويات الاقتصاد والتعليم والصحة والسياسة دون ان يتحصن بتقدم يحضر له على الصعيد الاجتماعي والثقافي.

فأي بلد يوفر كل هذه الممكنات ولا يضمن بالضرورة الديموقراطية أو حرية الصحافة مثلاً؟ وفي تجارب سابقة في العالم كالاتحاد السوفياتي السابق ادى التأخر في ميدان الديموقراطية السياسية إلى ضرب الانجازات التنموية الاخرى والقياسية أحياناً.

وتبين تجارب التنمية الناجحة في القرنين الماضيين (التاسع عشر والعشرين) ان التنمية حركة تعاقبية وليست تواكبية اذ تتحقق التنمية في جوانب مختلفة ولكن بأزمان متعاقبة تتجادل تصاعديا. فالثورة الصناعية اوصلت إلى الديموقراطية البرلمانية وان الضمانات الاجتماعية في أوروبا لم تنطلق فعلا الا بعد الحرب العالمية الثانية، وهو ما اشار اليه في جريدة "النهار" الدكتور نجيب عيسى والدكتور جورج قرم في تعليقيهما على غداة صدور التقرير.

واذا كانت الحرية مطلبا اوليا كما يوحي التقرير لأنسنة التنمية العربية فان تجارب التنمية المعاصرة من أوروبا الغربية إلى شرق آسيا، انطلقت في ظل انظمة مركزية، فهل تسبق التنمية الحرية ام ان الحرية هي صاحبة الاسبقية؟ تاريخيا كانت التنمية هي السابقة. فالديموقراطية أو الحريات الوسائلية ـ على حد تعبير التقرير ـ هي عملية تجادلية تعاقبية تصاعدية تراكمية. والحرية يستهدفها الناس، ويتدرجون نحوها ولا ينطلقون منها.

والمقصود بالحرية كما يبدو في التقرير ممارسة الحقوق المدنية وبهذا المعنى المختزل فهي قد تمكن الناس من كثير من الحقوق ولكنها لا توصلهم بالضرورة إلى الوعي المدني وممارسة المساءلة السياسية، وهو ما حصل في اليابان حيث التصنيع والتكنولوجيا كانا في طور الازدهار بينما بقيت الأطر التقليدية اجتماعياً وسياسياً هي السائدة.

واذا كنا نقول ان الحرية تتحقق بالتراكم والتدرج ولا تاتي في مرتبة التحدي الاول كشرط للتنمية فإن هذا الكلام بات من الصعب تبنيه وقوله في ظل النيوليبرالية وسيطرة ايديولوجيا الحرية والديموقراطية التي تترافق مع سياسات الافقار والتهميش التي تنتج التطرف، والذي بدوره يلغي الحرية. وفي هذا السياق يبدو التقرير مرتبكا وغير جدلي، وينطوي على خطاب غير تاريخي.

كما ويتبين أن فهم التنمية الإنسانية في التقرير العربي تجاوز نموذج التشارط التعاقبي (Diachronique) بين كل من محور التقدم الاقتصادي ـ الاجتماعي من جهة وبين محور التقدم الثقافي والسياسي والمؤسسي من جهة ثانية. هذا النموذج من التنمية الذي شهدنا تحققه على مدار قرنين في البلدان الصناعية الغنية حيث سبق تحقق الثورة الصناعية والنمو الاقتصادي تحقق الديموقراطية البرلمانية وأنظمة الحماية الاجتماعية وحقوق الإنسان. وشهدنا ونشهد تحققه في نموذج التنمية في اليابان وبعض بلدان شرق آسيا على امتداد نصف القرن الأخير. والغريب أن خبراء التقرير العربي حسموا، كما يظهر في نصوصه، في أمر أن التنمية الإنسانية في البلدان العربية يمكن أن يتحقق وفق نموذج ترابط تواكبي (Synchronique) لكل من محور التقدم الاقتصادي من جهة ومحور التقدم على المستويات الثقافية والسياسية والمؤسسية من جهة أخرى. وفي تقديرنا أن مثل هذا الحسم لا يعدو كونه حسماً ايديولوجياً أعفى خبراء التقرير العربي أنفسهم من الحرج السياسي في تفصيل ما يرونه من ترابط مفترض بين محاور التقدم المختلفة في تنمية المجتمع أي مجتمع.

وجدير بالذكر أن مثل هذا التدرج التجادلي والتصاعدي في التنمية كان

والشرسة (Protectionnisme). هذه الحمائية التي استمرت في إنكلترا منذ الربع الأول للقرن الثامن عشر حتى عام 1860، واستمرت هذه الحمائية في الولايات المتحدة الأميركية منذ منتصف القرن التاسع عشر حتى الحرب العالمية الثانية دعماً لما سمي في حينه بـ«سياسة الصناعات الناشئة في البلاد الأقل نمواً». وفي هذا الصدد قال (ULYSSES GRANT) رئيس الولايات المتحدة الأميركية بين عامي 1868 و1876 في اعتراضه على الضغوط الإنكليزية من أجل تعميم سياسة التبادل الحر «بعد مائتي سنة وعندما تستنزف الولايات المتحدة من الحمائية ما يمكنها استنزافه ستلجأ هي أيضاً إلى لبرلة تجارتها». وتجدر الإشارة هنا إلى أن كل من هولندا وسويسرا رفضتا الانصياع لقانون تسجيل براءات الاختراع في مطلع القرن العشرين الذي يمنعهما من سرقتها.

العولمة واعجاز الحرية المستجد كشرط للتنمية

اليوم وفي ظل العولمة الرأسمالية التي تقودها الولايات المتحدة يُفرض على البلدان العاجزة عن المنافسة لفتح أسواقها. وتتفاوت سلبيات الفتح بتفاوت نمو البلدان وقدراتها الاقتصادية النسبية: فتصبح التعريفات الجمركية المفروضة في البلدان الصناعية على الواردات المنافسة من البلدان النامية تعادل أربعة أضعاف التعريفات المفروضة على الواردات المنافسة من البلدان الصناعية الأخرى. فأي قدرات على المنافسة يمكن أن تنمو في البلدان الفقيرة في ظل اقتصاد المعرفة السريع التحول في بلدان الشمال والمرتبط بالأجل القصير وبالبورصات العابرة للقارات. إنه اقتصاد يقتصر تصدير إمكاناته التكنولوجية إلى فروعه وتابعياته في هذه البلدان أساساً على العلامات التجارية والبراءات وحقوق النشر، فتصل كلفة الانتساب التكنولوجي التي تدفعها هذه الفروع والتابعيات في الكثير من بلدان الجنوب إلى ما نسبته 80% من إجمالي الصفقات[2]. ويقتصر تصدير استثماراته الخارجية المباشرة إلى قطاع الموارد الطبيعية بنسبة 5% فقط وإلى قطاع

بالنسبة الباقية. وفي مثل هذا النوع من الاستثمارات الأجنبية المباشرة والدقيقة تكنولوجياً، التي قصدت في مصر المناطق الأيسر لجهة توفير عروض الخدمات والعمالة، قدرت كلفة خلق فرصة عمل واحدة بحوالى 42 ألف دولار أميركي. وهذا يعني أنه مهما تنافست الحكومات الفقيرة في توفير الإعفاءات المغرية فإن الاستثمار الأجنبي المباشر لن يخفف من تفاقم البطالة الناجمة عن الخصخصة وتخفيف عديد الجيوش وتدهور المداخيل الزراعية والحرفية وأن هذه البلدان ستتعرض أكثر فأكثر للتهميش والإفقار والفساد والإفساد والتطرف الديني والاثني والسياسي.

وليس غريباً أن يلاحظ في الكثير من البلدان التناسب الطردي بين تزايد تحرير الأسواق والتعددية السياسية من جهة وتزايد التطرف والفقر والمديونية وتزايد القمع والتفتيت للحركات النقابية والسياسية المدنية من جهة أخرى.

المفاهيم النيوليبرالية الدولية في تشخيص ومعالجة الأوضاع العربية

يُشير تقرير التنمية الإنسانية العربية إلى «الخطوات الهامة في مجال تحرير القطاع الخاص» وإلى ضرورة الحد من الاحتكارات الداخلية دونما إشارة إلى ما يدور في الأسواق الدولية التي يتحكم بها الاحتكار الإعلامي (6 شركات أمريكية و4 إنكليزية) والذي، بالإضافة إلى الاحتكار التكنولوجي والمالي، يستطيع أن يحرك سوق المضاربات المحتكر بضرب أي عملة لأي نظام عنيد. ويحد من قدرة أي مصرف مركزي على التحرك. وقد تسبب هذا الإعلام المحتكر في التسريع بإفلاس 13 شركة عالمية ومنها شركات وبنوك فرنسية مشهورة ((Credit Lyonnais, Vivendi, Credit Agricole...etc)) بفعل صمته عن تواطؤ أكبر شركات التدقيق المحاسبي المعولمة في تضخيم أرباح أسهم الشركات والبنوك ومن ثم لجوء ذلك الإعلام النيوليبرالي المحتكر إلى كشفه

هذه الهزات في البورصات العابرة للقارات إلى تواطؤات سياسيين كبار في أكبر مراكز القرار في العالم اليوم.

وإذا كانت هذه هي الإختلالات الأخلاقية في إدارة الاقتصاد والمال في أكبر شركات الاستثمار والمحاسبة في ما يسمى بـ «الديموقراطيات الغنية» التي توصلت مع الزمن إلى بناء مؤسسات الرقابة الإدارية والسياسية والقضائية المناسبة لرصد الأسواق وتحصين الثقة بالتعاقدات الاقتصادية المكونة للمجتمع المدني.فأي إدارات عربية يتطلع إليها خبراء التقرير العربي؟ وهل تتميز بخصوصية تجعلها تختلف عن الإدارات المشابهة لها في البلدان النامية الأخرى التي يعاني الأغلب منها الفساد والرشوة وتدني الجودة في الخدمات؟ أولم يتحول الفساد والإفساد إلى شرط بنيوي لإعادة إنتاج مراكز التزعم عن طريق استنزاف الوزارات والإدارات؟

وإذا كانت هذه هي السلوكات الوسائلية للوصول إلى الحظوظ الصغيرة أو الكبيرة في العيش أو في الثروة فأين هو النجاح الكبير الذي يراه خبراء التقرير العربي في السياسات المعتمدة لخفض عجز الموازنات وعلى حساب أي نسبة من الناس؟ إنها قراءة الخبير المتفائل بالضرورة المهنية والمتعارضة مع قراءة الباحث المتسائل بالضرورة البحثية.

الحرية: كيف نبدأ معها وكيف نصل إليها؟

لقد نحا فريق التقرير العربي في قياس الحرية نحو قياس مؤشرات المشاركة على اختلاف أنواعها ومستوياتها وأشار مرة أخرى إلى أن الحرية هي في شروط المشاركة ونتائجها ولم يميز بين الحرية بمضمونها الواسع والمطلق والحرية بمضمونها القطاعي والنسبي وهي هنا تتطابق مع التمكن من المشاركة. وفي عدم التمييز هذا بين الحرية المطلقة والحرية النسبية وبين القيمة والممارسة وبين درجات السلم الأولى ورأسه. يسترسل الخبراء في استعارة نماذج

أكلاف سياسية واجتماعية داخلية وخارجية، لا مجال للعودة إلى تاريخها، واعتمادها لقياس ما يجب أن تبدأ به عمليات التنمية في الدول الفقيرة. فهل من الممكن أن تبدأ عملية التنمية في لبنان من حيث انتهت إليه في اسكندنافيا؟ وهل من الممكن أن تتاح لهذه العملية الشروط التاريخية التي أتيحت لها في أوروبا وأمريكا وشرق آسيا؟ هل صحيح أن الاندماج في كل من الشراكة الأوروبية وفي منظمة التجارة الدولية ينعكسان إيجابياً على التكافل العربي وعلى زيادة التجارة البينية بين البلدان العربية إلى أكثر من 7ـ8% بعد أن بلغت في ظل الإدارات الراهنة أعلى ما يمكن أن تصل إليه المصالح المشتركة في المبادلات وفي استثمار المزايا النسبية الضئيلة للمنتجات العربية الطبيعية أو الزراعية أو التحويلية الخفيفة المفتوحة على المنافسات المختلفة من أسواق العالم.

التقرير العربي: مقاربة لا تاريخية تجمل ولا تفرق بين الجماعات في بلدان الجنوب

إذا كنا نفهم بأن الحرية تتجسد وتقاس في بلد ما بمنظومة المشاركات فإننا نلاحظ أن ما أورده فريق التقرير العربي عن هذه المشاركات في مقدمته بعنوان «نظرة عامة ـ مستقبل للجميع» لا يختلف عما يمكن إيراده في مقدمة أي تقرير آخر عن الظواهر المشتركة بين البلدان النامية المتنافرة الأوضاع والموارد والسياسات ومن هذه الظواهر: ظاهرة تزايد تطلعات الناس إلى المشاركة مع توسع التعليم والتمدين والمعيشة وتدفق المعلومات وظاهرة تراجع أطر الانتظام النقابي والحزبي واقتصر توقف الخبراء العرب ـ الدوليين في تفسير هذا التراجع على ملاحظة:

ـ ظاهرة الاستياء واللامبالاة وتذكروا بأن ذلك يعود إلى انسحاب الدولة التي كان المواطنون يعتمدون عليها وبسائلونها بشكل أو بآخر،

- وعلى ظاهرة تزايد اعتماد الدولة عليهم من جديد (القطاع الخاص والضرائب)،
- وعلى ملاحظة ظاهرة تزايد أهمية نخب الفئات المتوسطة الخارجة من ضيق الأحزاب والنقابات إلى رحابة المنظمات غير الحكومية حيث تدور في فلكها المغالبة الأيديولوجية والسياسية الجديدة بين نهج التشاركية الأهلية الإنسانية الإغاثية من جهة ونهج التشاركية المدنية الديموقراطية التنموية.

وفي هذا العرض عن الظواهر المعولمة المتزايدة في البلدان النامية وليس في البلدان العربية وحسب لا يتوقف خبراء التقرير العربي عند الأسباب المحددة لهذه الأوضاع، فتبدو لنا في التقرير وكأنها تترابط وتتفاعل دائريا حتى لنظن أن كل منها يمكن اعتباره سبباً ونتيجة للوضع الآخر. وأن التخلف قدر لا بد وأن يعيد إنتاج نفسه.

ولا يبقى أمام الناس من إمكانيات لخرقه إلّا بأحلام الحرية التي تراود الفقراء المهمشين وهي أحلام تحاصرها تشريعات حرية الأسواق والمنافسة والمضاربات وتحويل الدولة إلى دور لترويض المعارضات وحسب تشرعن هذا الدور بالانتخابات وبتعددية الزعامات المتحالفة على تقاسم الإدارة والثروة.

هل يمكن المواءمة بين تحرير الإرادة السياسية وبين تحرير السوق؟

يشير خبراء التقرير إلى تفاقم أزمات البطالة الحاصلة بأعلى المؤشرات في البلدان العربية (15%) والمقدرة بعشرين مليوناً يضاف إليهما 6 ملايين من الشباب الوافدين إلى سوق العمل إلّا أنهم يوصون، بتفاؤلهم الدائم كخبراء دوليين، بتوصيات يظنون أن السلطة تنتظرها وأن السلطات ترتبط بوعيها الذي يمكن لتقاريرهم أن تؤثر فيه، وفي مواجهة البطالة يوصون بـ«سياسات تنمي القطاعات كثيفة الاستخدام المدرب والماهر». وتأتي هذه التوصية دونما انتباه الى طبيعة القطاعات التي تتجه لها الاستثمارات الخارجية المباشرة (FDI) التي

سبق وعرض التقرير لها. ودونما تردد في التأكيد على أن «السوق هو الساحة المركزية للمشاركة الاقتصادية فالأسواق الحرة التنافسية توفر آليات كفوءة للتبادل الاقتصادي بين المشترين والبائعين والمنتجين والمستهلكين وأرباب العمل والمستخدمين والمقرضين والمقترضين...»[3].

وفي مجال مكافحة الفقر يزيد التقرير العربي من جرعة التفاؤل معلقاً الآمال ليس على كفاءة آليات «السوق المنفتح على العالم» وحسب بل وعلى «توفر الإرادة السياسية» التي نعى التقرير، في صفحات أخرى، توفرها عندما أشار إلى تراجع الانتظام النقابي والحزبي المنعكس «استياءً ولا مبالاة». ومعلقاً الآمال على«توفر المسلمات الأخلاقية والاجتماعية والسياسية والمعنوية وعلى التقاليد الدينية والثقافية للمنطقة»، علما بًأن مثل هذه المسلمات والتقاليد شكلت ثقافة التعبئة للتيارات المعارضة المدنية منها والدينية المعتدلة منها والمتطرفة. وهذه المعارضات التي ضُربت وتُضرب من طرف السلطة لإعطاء الانطباع باستتباب المناخ الملائم والمُغري للاستثمار الأجنبي المباشر. هذا الاستثمار الذي لم يصل إلى البلاد العربية التي يقدر حجم سكانها بما نسبته 5% من سكان العالم إلى أكثر من 1% من إجمالي حركته في الأسواق الدولية، فتتوجه حوالى 82% منها إلى ثلاثة بلدان هي: السعودية (55%) ومصر(17%) والمغرب (10%)[4].

ومن التوصيات التي يطلقها الخبراء دونما تفصيل لمضامينها أو تقييم لنتائج وإمكانيات تطبيقها واقعياً تلك التي توصي «بتضمين سياسة التكييف الهيكلي برنامج التخفيف من الفقر وقد أصبح ذلك هدفاً معترفاً به في السياسة الدولية المتعلقة بالتصحيح وإن كان لا يمارس دائماً بعد»[5]. ولا يتطرق خبراء التقرير العربي إلى معوقات مثل هذه السياسات في البلدان النامية المحكومة بالإدارات السياسية الفاسدة أحياناً كثيرة أو العاجزة عن التمهيد للمنافسة الاقتصادية الشرسة في الأسواق المفتوحة من خلال بلورة وتنفيذ البرامج الاقتصادية المؤهلة لمثل تلك المنافسة.

وجدير بالذكر أن بعض برامج التخفيف من الفقر المتمحورة حول تشجيع

للتنمية) وفي الأردن (صندوق التشغيل والتنمية) لم يتمكنا من حل مشكلة البطالة المتفاقمة والإفقار المتزايد والتطرف السياسي ـ الديني بغض النظر عما أحاط بهذه التدابير التشغيلية من مداورات على صدقيه التعهدات والسداد. وقد أثرت هذه المداورات سلباً على جدوى الإقراض وعلى التغذية الذاتية لتلك الصناديق وعلى مردودية البرنامج ككل.

خلاصة حول أيديولوجية الخطاب في التقرير العربي

وأخيراً نخلص إلى القول بأن الخصوصيات الذهنية والمنهجية لمقاربات الخبراء المتعاقدين تحت سقوف المنظمات الدولية في مجالات تشخيص وتفسير وتجاوز التخلف والفقر هي خصوصيات تتواءم مع خصوصيات الخطاب القوموي العروبوي الذي يموه مسؤوليات الحكومات القطرية عن تدهور الأوضاع المحلية لتهيم هذه المسؤوليات في فضاءات ما يسمى بالأوضاع القومية. ويأتي تشخيص الخبراء للتخلف والفقر وقياسهما في مؤشرات ومتوسطات ونسب ومعدلات «قومية» لتُطْبق على القلوب وتوحي بالندب والإحباط وبؤس الأقدار. فلا يومئ تشخيص الخبراء الهائم هذا إلى الآليات المحدِّدة للمؤشرات ولا لمسؤوليات المقررين في حصولها. هذا الإيماء الذي يحرك حس المساءلة ويحصن الحريات الوسائلية كافة.

إن الخطاب النهضوي القومي مناقض للخطاب القوموي: فالخطاب القومي يقوم في كل قطر على هاجس تفكيك التمايزات في إدارة الموارد القطرية ويحرك بالتالي وعي المساءلة في كل قطر عن خصوصية المسؤوليات المحددة في تخلف هذه الموارد كما في تنميتها. وبهذا النهج يستطيع الخطاب القومي النهضوي في كل قطر أن يقدم للأقطار الشقيقة مثلاً عن تجربته وإسهاماً محركاً لتطوير مواردها. وهذا ما أسهمت به كل من مصر ولبنان في سبقهما على صعيد الليبرالية الثقافية والاقتصادية. وفي هذا الفهم يمكن لنا أن نستنتج أن الخطاب أو النهج التنموي القطري هو النهج الأكثر حاجة للتكامل مع النهج المماثل في

تاريخ وثقافة يعززان المواجهة المشتركة للعولمة الرأسمالية المنفلتة على مصالحهما في النمو والتنمية.

أما الخطاب القوموي العروبوي الذي يموِّه المسؤوليات ويعطل وعي المساءلة فهو خطاب ما زال يمعن توهيماً للشعوب العربية بالآمال القومية التي تدعيها الحكومات المتنافرة وتستثمرها في إعادة إنتاج التنافر بينها. هذه الحكومات التي تتواطأ في التنصل من تبعات التوهيم التعبوي حول التضامن مع شعوب فلسطين والعراق وباقي الشعوب العربية المهددة بالمديونية والتفتيت والتقاتل الداخلي.

أجل إن الخطاب القوموي هو خطاب متناقض الهويات: فهو يحرص في العلن على تمسكه بالانتماء القومي أو ما فوق الكياني وبالحديث عن التكامل القومي ويحرص في الواقع على تمسكه بالانتماء ما تحت الكياني (تحصين سلطة العائلة والعشيرة وأو الطائفة) (Infra national). وفي ممارسة هذا الانتماء المتناقض يتمكن قادة الخطاب القوموي من ترسيخ احتكارهم للسلطة في المجال القطري أو الكياني.

وفي الختام لم يتركنا «تقرير التنمية الإنسانية العربية» دونما حلول ـ مفاتيح لمعالجة التخلف العربي. فيشير مطمئناً إلى شروط ثلاثة للخلاص وهي:

1. «العمل على الانتساب لعالم المعرفة بجدارة» وذلك من خلال مجموعة من الإمكانيات.ولا نرى أن صعوبة واستعصاء الإمكانيات المذكورة في التقرير أحياناً تختلف بين البلدان العربية وبين مناطق أخرى من البلدان النامية(بلدان أفريقيا السوداء وبعض بلدان شرق آسيا وأميركا اللاتينية).
2. «الوصول إلى ترتيبات مؤسسية للتكامل العربي. .. وإنشاء حركية مجتمعية جديدة قطرياً وقومياً. .. تمكن العرب من الانفتاح النشط على العالم الجديد وحسب بل وتمكنهم من المشاركة في تشكيل العالم».

وجدير بالتذكير أن الترتيبات المؤسسية للعمل العربي الموحد المقترحة من فوق في مجالات التكامل الاقتصادي والتكنولوجي والإداري وغيرها كانت دائماً

التقارير عنها والتوصيات إلى قادة الحكومات لتوضع من ثم في فضاء الخطاب القومي الذي لا يستطيع إلا أن يوفر تمويل الأجهزة المعنية بهذا العمل العربي الموحد لتعيش بين قمة وأخرى.

ثانياً: تقرير التنمية الإنسانية العربية
أو المقاربة القومية التي تُغني ثقافياً ولا تُحرِج قطرياً

يُعلن الفريق التنفيذي لـ «تقرير التنمية الإنسانية العربية لعام 2004» أنه يستهدف «طرح نواة فكرية» أو ما يمكن أن نسميه محاولة تنظيرية تعين على تحريك النقاش في البلدان العربية لبلورة ما يسميه «مشروع النهضة» أو لبلورة «مشروع لإصلاح مجتمعي شامل» بعد أن تعقدت وتشابكت معوقات النهوض في الوطن العربي وأصبح أي إصلاح جزئي غير ذي فعالية.

ويُشير التقرير إلى أن تعويق النهوض العربي يعود أولاً إلى القيود السياسية التي تعوق أي تنمية إنسانية تُمكن الوطن العربي من النهوض.

وفي متابعة لعوامل التعويق السياسي للتنمية يرصد التقرير الأحداث القطرية والاقليمية والدولية المؤثرة التي شهدتها بعض المجتمعات العربية بعد التقرير السابق 2003. وكذلك الطروحات الثقافية الشهيرة الداعية إلى الإصلاح الصادره عام 2004 عن القمة العربية أو عن ملتقيات ثقافية عربية كان أبرزها تلك التي عقدت في صنعاء والاسكندرية وغيرها. وتلتقي جميعهاعلى إبراز أهمية الديموقراطية والمشاركة واحترام حقوق الإنسان.

لقد برز ما يُشير، وإن بشكل غير مباشر، إلى أهمية التقرير في تحريك مبادرات متناثرة هنا وهناك في بعض الأقطار العربية في مجالات الدفاع عن الحقوق السياسية في المغرب والبحرين ومصر والمملكة العربية السعودية وفلسطين.

وبرز في الربط المباشر بين صدور التقرير السابق (2003) وتلك الطروحات

أهل السياسة وأهل الثقافة ليركزوا على الحرية والديموقراطية وحقوق الإنسان.إن مثل هذا الربط المباشر يُغفل أن البيانات الصادرة عام 2004 سواء عن القمة العربية أو الملتقيات المشار إليها إنما صدرت في زمن الحملة الأمريكية من أجل ما يُسمى بـ «الديموقراطية في الشرق الأوسط». هذه الحملة التي بدأت قبل صدور التقرير الأول عام (2002) مسوغة احتلال العراق ومبشرة بفجر «ديموقراطية جديدة» تدغدغ الميول الليبرالية للنخب المطالبة بحقوق الإنسان وديموقراطية التمثيل. فتضمن من خلالها شرعنة «جماهيرية» جديدة لحكومات جديدة تقايض مناصرتها المعلنة على قلب الحكومات المستبدة مقابل تعهدها غير المعلن أو غير الواعي بفتح السوق الوطنية أمام التوريدات والإستثمارات الأمريكية أولاً وخاصة في مجال النفط.

لقد أغفل الفريق المركزي المسؤول عن تقرير (2004) أيضاً وأيضاً في ربطه غير المباشر بين صدور التقرير والطروحات الإصلاحية في بيانات القمة العربية والملتقيات الثقافية المنعقدة عام 2004. أن هذه الطروحات بدأت بالتبلور والشيوع تحت وطأة السيناريوهات الأمريكية المعلنة هي أيضاً عام 2004 تحت عنوان الشرق الأوسط الكبير ولاحقاً تحت عنوان الشرق الأوسط الموسع. هذه السيناريوهات التي استهدفت استمالة الشعوب العربية من خلال دعمها لإصلاحات اجتماعية وسلطوية تفرز «حكومات أكثر شعبية» وأكثر تعاوناً في مجالات تحرير الأسواق واستباحتها وفي مجالات التطبيع مع إسرائيل وحكومات أكثر قدرة على توجيه التربية والإعلام باتجاه ردع الثقافات والحركات الراديكالية المعارضة. وإذا كانت المقاومات في العراق والإنتفاضة في فلسطين قد أثرتا في تعطيل وضع هذه السيناريوهات الأمريكية موضع التطبيق من قبل الحكومات العربية إلّا أن النوايا الأمريكية بدأت تُقلق الحكومات الأكثر غنى وولاءً والأكثر فقراً واستبداداً. وشجعت على تنظيم الملتقيات الثقافية الشهيرة منها وغير الشهيرة التي كانت المنظمات الأمريكية تساهم في تمويل انعقادها هنا وهناك مباشرة أو بصورة غير مباشرة.

وفي مواجهة التنافر المزمن بين رؤى المعارضات الراديكالية اليسارية والقومية والاسلامية وعجز كل منها عن بناء السلطات القطرية القادرة على التنمية الوطنية المتداخلة وعلى التحصين السياسي والثقافي المعاصر لمجتمعاتها، برزت في ظروف السيناريوهات الأمريكية الضاغطة الحاجة الموضوعية لتشكيل ورشة بحثية متكاملة تعمل على تشخيص موثق وموثوق عن الأوضاع في العالم العربي، ورشة تعمل تحت عباءة الأمم المتحدة «المحايدة». وهذا ما ينتج لها فسحاً واسعة من الموضوعية التشخيصية. ومن الطبيعي أن تُستخدم كخلفية لإسناد السيناريوهات الأمريكية كما وتُستخدم لإسناد الرؤى الإصلاحية الديموقراطية في الأقطار العربية.

وتقديراً منه للحاجة الموضوعية لمثل هذه الورشة الفنية والتنظيرية المتكاملة أقدم البرنامج الإنمائي للأمم المتحدة على إصدار غير مسبوق لتقرير خاص بالعالم العربي.

تقرير اجتهد كثيراً في تشخيص السمات المشتركة في الأوضاع المتفاوته كثيراً لهذا العالم وتردد كثيراً في تصنيف الآليات المحددة المتفارقه لتشكل الأوضاع في كل قطر إن لم نقل لتجاوزها.

أجل لقد وفر برنامج الأمم المتحدة الإنمائي لورشة إنتاج تقرير التنمية الإنسانية العربية، كما لم يتوفر للإسهامات البحثية الفردية التي نُشرت من قبل، ما يلزم من الإشراف والتمويل الكافيين لتحريك فرق البحث والإستشارات والمسح الميداني والتحرير والإحصاء ليصدر التقرير كوثيقة مرجعية دولية عن منظمة مشهود لشمولية تقاريرها السابقة حول التنمية البشرية طوال اثنتي عشرة سنة.

وفي تقديرنا أن التردد الملحوظ في تصنيف الآليات المحددة للأوضاع الخاصة بكل قطر يعود إلى منطق المقاربة «القومية» التي طبعت مفهوم المجتمع العربي في التقرير. هذا المجتمع الذي لم تتطابق حدوده في التقرير مع حدود الدولة القطرية وحدود مسؤوليات حكومتها عن تدهور الأوضاع فيها. فراوح هذا

المقاربة «القومية» قد ولّدت مشكلة معرفية تفتعل التفارق بين حدود ما يبدو في التقرير أنه مشكلة ثقافية قومية غير متموضعة في المجال الجغرافي والسياسي وبين حدود ما هو في الواقع مسؤولية حكومية متموضعة بشكل مميز في النظام السياسي لكل قطر.

خلفية المقاربة «القومية» وأحكامها

أولاً- في تقرير عام 2003:

يبرز التردد الملحوظ في منطق المقاربة «القومية» للتقرير أيضاً عندما يتعرض لوصف المشكلات المتشابهة في مظاهرها في الأقطار العربية والمختلفة في وتائر وآليات تشكلها وتحولها بين قطر وآخر:

فيتحدث مثلاً في تقرير العام 2003(6) عن «معوقات البنى الداخلية لبناء مجتمع المعرفة» الثقافية والاجتماعية والسياسية مبرزاً العوامل الإيجابية المتمثلة بما في التراث من عقلانية وما في المجتمعات من وفرة في الرأسمال البشري ومبرزاً من جانب آخر العوامل السلفية المتمثلة بترجيح قيم الإذعان والتنفع المادي والعصبوية ومحاربة الثقافة المعارضة والتحكم بالجامعات ومُغفلاً الحديث عن مسؤولية الحكومات العربية التي استخدمت الحركات السلفية وخطابها الذي يُزيح وعي فقراء المؤمنين عن فقرهم وعن معطيات العصر متجنباً بذلك المواجهة مع المرجعيات الدينية النافذة في السلطة.

وفي مجال المقترحات «لبناء مجتمع معرفة عربي»، الذي لا تحديد لكيانه السياسي ولا لمسؤولية أي طبقة حاكمة عنه، يرى التقرير موجبات «العودة إلى الحريات والحقوق وموجبات تعميم التعليم الراقي وتوطين العلم في جميع البنى» متجنباً بذلك الحرج في تصنيف السياسات التربوية والإعلامية المتشابهة في مجموعات الدول العربية، تصنيفاً يُسهل الفهم النقدي والمساءلة لكل نهج

ويتحدث مثلاً (ص9) عن علاقة البنى الاقتصادية في تعويق بناء مجتمع المعرفة فيشخص الوقائع المتمثلة في ضعف الطلب على المعرفة «بفعل تعثر نمو الاقتصاد والإنتاجية» ويشخص الوقائع المتمثلة في تعطيل فرص الحماية والمنافسة بفعل ما فرض على الحكومات من تحرير الأسواق. ولكن التردد في تصنيف وتحديد مسؤوليات الحكومات وتجنب حرج التقرير في مواجهاتها جعل مقترحاته أميل إلى مناشدة أخلاقية ـ ثقافية لأصحاب القرار العرب (في أي صنف من الحكومات؟) «ليعترفوا بأولوية بناء مجتمع المعرفة في موازنات الإنفاق والاستثمار».

وأما في ما أورده تقرير 2003 من رؤية استراتيجية لإقامة مجتمع المعرفة العربي فإن المكونات الخمسة المنقولة عنه أدناه انطبعت بطابع الموجبات المبدئية وصيغت بلغة الخبراء بتوصيات «ضرورية» للمجتمعات العربية دونما تصنيف، متجنبةً التخصيص في تحديد نوع المسؤولية لأي نموذج من حكوماتها. وجاءت صياغة التوصيات على الشكل التالي:

1. إطلاق الحريات وضمانها بالحكم الصالح للدخول إلى المعرفة من خلال تطوير الدساتير والتشريعات والسلطة القضائية المستقلة وإلغاء الرقابة الإدارية والأمنية على إنتاج ونشر المعرفة.
2. النشر الكامل للتعليم الراقي والمستمر.
3. توطين العلم وبناء قدرة ذاتية في البحث والتطوير التقني وإقامة نسق عربي يتمركز قطرياً.
4. التحول نحو نمط إنتاج معرفة في البنية الاقتصادية والاجتماعية من خلال تنويع البنى والأسواق وترجيح قيم وحوافز اكتساب المعرفة.
5. تأسيس نموذج عربي معرفي يعتمد:
   - عودة إلى صحيح الدين والاجتهاد وتحرير المؤسسات من سلطة الحكومات.
   - إثراء التنوع الثقافي داخل كل قطر وانفتاح على العالم.

خلفية المقاربة القومية وأحكامها

ثانياً- في تقرير التنمية الإنسانية العربية - عام 2004:

في هذا التقرير أيضاً تنزع المقاربة القومية في الحديث عن ظواهر التشكل والتحول في بعض الأقطار العربية (كالإختراقات التي حققتها المنظمات الحقوقية والسياسية في المغرب حول إختفاء المعارضين وفي سوريا حول إلغاء حالة الطوارىء وإطلاق الحريات وفي السعودية حول الحريات الدينية وفي الكويت حول المشاركة السياسية للمرأة. .. الخ)إلى إمكانية تعميم حصولها في أقطار العالم العربي كافة دونما اعتبار لإختلاف الظروف والوتائر والآليات الخاصة بكل قطر أو بكل نموذج من الأقطار المتشابهة على صعيد مستويات النمو والتنمية الإنسانية فيها.

ففي مجال الحرية والحكم على سبيل المثال نُشير هنا إلى أن التقدم الذي أحرزته المعارضات اللبنانية في مجال تحرير الإنتخابات من وصاية الأجهزة الأمنية السورية كان تقدماً يحصل بدعم سياسي واعلامي من دول خارجية أجنبية وعربية وأن الديموقراطية الشكلانية المتمثلة بحرية الإقتراع وبمشاركة واسعة في الظاهر ارتكزت في الواقع على تعبئات طائفية مستعرة ومنفعلة لا تسمح بقيام أي حكومة غير طوائفية أو بتعزيز مفهوم المواطنة والمجتمع المدني.

إن إغفال الإختلافات بين كل من الظاهرة اللبنانية والظاهرة البحرانية والظاهرة المصرية في تطور الحياة البرلمانية يعطل الفهم الديناميكي للفرادات القطرية في التدرج الخاص لتشكيل الحكم، في أي من هذه البلدان، من معايير التزعم والولاءات الأولية الأهلية الموروثة إلى معايير التمثيل والإنتماءات الثانوية المدنية الطوعية.

وغني عن البيان أن النزوع القومي الثقافوي وغير التاريخي إلى التعميم يمكن أن يقود باحثين آخرين إلى اعتماده أيضاً في الإستدلال على ما يمكن أن يجمع بين تحولات البلدان الإسلامية المتجاورة أو المتباعدة لمجرد حصوله في

إن نقدنا لنزوع الباحثين في التقرير إلى المقاربة «القومية» والتعميم في التشخيص ومنه إلى التوصيات لا يجب أن يقلِّل من تقديرنا لجهود الرصد والتحليل المبذولة من الباحثين لظواهر التعوق المتمايزة الظهور بين الأقطار وللبنى المعوّقة للتنمية المتمايزة التشكل والتحول بين أصناف المجتمعات العربية.

إنها جهود تشكل بلا ريب خلفيات موثقة لأي باحث ينزع إلى المقاربة التصنيفية للمجتمعات القطرية سواء في المجال السياسي (الحكم التسلطي وقوانين الطوارىء وتقييد الأحزاب) أوفي المجال الاجتماعي (تهميش المرأة والإقصاء الاجتماعي والتطرف الديني والإتني والإرهاب) أو في المجال الاقتصادي (قهر العوز والبطالة)...

ولا نستثني في تقديرنا لأبحاث التقرير لعام 2004 الجهود المبذولة لصياغة ما سمي بـ«الرؤية الاستراتيجية»[7]. وإذا كنا نوافق على اعتبار «الخلل السياسي هو موطن الخلل الكبير في الأوضاع العربية» إلّا أننا نرى أن بدائل المستقبل لكل المجتمعات العربية، كما يرى أصحاب المقاربة الثقافوية القومية في التقرير، أولمجموعة المجتمعات الإسلامية المتجاورة كما يمكن أن يرى أصحاب المقاربة الثقافوية الدينية لا تنحصر بين مسار «الخراب الآتي» أو الحل الجهنمي الذي تتخبط فيه وبين مسار «الإزدهار الإنساني» أو الحل الفردوسي الذي يحلم به الباحثون.

وأن المنطق الأرسطوي الشكلاني الذي حصر نهوض المجتمعات العربية بالقطع مع المسار الجهنمي الأول والانتقال المباشر إلى المسار الفردوسي البديل أعاق الفهم الجدلي للإنتقال من مسار إلى آخر وهو الفهم الذي يقوم على عملية نقض متفاعلة ومتدرجة داخل المسار الأول تُبلور الصراع فيه بين القوى المحافظة وبين قوى التغيير والتقدم. هذه القوى التي تصارع من أجل إصلاح متدرج يُحِلّ آليات التطور محل آليات التعويق كلما تمكنت نُخب التغيير من توسيع الإستقطاب لقيم العقلانية والمواطنة أي كلما تمكنت من نقض قيم الخرافة وكلما ادركت الأكلاف المترتبة على علاقات الإذعان والزبائنية

وكم كنا نتمنى لو بيّن لنا التقرير إستناداً إلى المسح الذي أجري في خمسة بلدان عربية سبب عدم تأثير التحسن الملموس على مستوى الحريات الفردية في مجالات المساواة بين الجنسين وحرية الزواج والفكر والتحرر من الجهل والمرض وحرية الأقليات في ممارسة ثقافتها وحرية المنظمات الأهلية والتعاونية. هذا بالإضافة إلى سبب عدم تأثير تعطش العرب منطقياً ومفهومياً لنبذ الحكم التسلطي والتمتع بالحكم الديموقراطي (ص 11)، في وقف معدلات التدهور في مجالات محاربة الفساد في الحكم والقضاء والإفقار (ص 10). كما يرشح من نتائج المسح أو الاستطلاع (ص ص 95 ـ 98). هذا الاستطلاع الذي اعتمد على أسئلة يصعب جداً التأكد من دقة فهم المستجوب لمضامينها المقصودة دون تدخل الباحث ويصعب جداً التأكد من دقة فهمه للفروقات النوعية بين الأجوبة المقترحة عليه، ولا سيما عندما تكون الأسئلة موجهة لقياس حالات نفسية-ثقافية أو سياسية محرجة وليست موجهة لتحديد وقائع مادية لا لبس في السؤال عنها ولا حرج في الإجابة.

وكم كنا نتمنى أيضاً لو أن التقرير الذي يرى أن التعددية النقابية تتيح للعمال أن يتمتعوا «بحرية اختيار النقابة التي ينتسبون إليها» (أُنظر النقابات والاتحادات المهنية صفحة 83) أن لا يقتصر في ملاحظته للأوضاع القطرية على ما يُعلن عنها في التشريعات وأن ينفذ إلى الممارسة ليجد أن التعددية النقابية، التي هي في المبدأ نقيض الأحادية القامعة لخيارات العاملين، قد تحولت في لبنان إلى نهج يعتمده وزراء العمل في الحكومات المتعاقبة، منذ انتهاء الحرب، لتفتيت الحركة النقابية وتفريخ النقابات الموالية لهم للتمكن من إضعاف التيارات الراديكالية والمعارضة.

كما وأننا كنا نتمنى لو أن التقرير نفذ من التشريعات المعلنة في مجال «القيود التشريعية على حرية تكوين الجمعيات» إلى الممارسة القطرية في كل من البلدان العربية: فهو يشيرإلى أن التشريعات العربية تشترط الترخيص والإشهار المسبق كقيود مفروضة على إنشاء الجمعيات الأهلية باستثناء التشريعات المغربية

سلبيات كبيرة تمثلت في التضخم المنفلت لتأسيس الجمعيات في لبنان حيث يُقدر عدد التراخيص المسجلة في الدوائر المعنية بما يزيد عن الستة آلاف رخصة ويُقدر عدد الجمعيات الناشطة منها في مجالات تنفيذ الأنشطة الإغاثية والرعائية بما لا يزيد عن 250 جمعية نجد بينها حوالى 20 جمعية لبنانية قادرة على تنفيذ مشروعات تنموية. وأن السهولة الإدارية المفرطة في تأسيس الجمعيات أدت إلى تلويث القطاع الأهلي، في لبنان كما في مصر والاردن، وشجعت الكثير من الطامحين إلى التنفع والشهرة في إدارة العمل الإغاثي والرعائي لاقتناص عروض التمويل التي توفرها الجهات الحكومية المتعاقدة أو الجهات الأجنبية المانحة. وفي ظل هذه الحوافز التنفعية تتعطل الأصول المؤسسية الديموقراطية في إدارة الجمعيات وغالباً ما يبقى المؤسس رئيساً للجمعية ومديراً تنفيذياً لها مدى الحياة.

وهكذا يكون التقرير، بدل أن يحيط بخصائص مكونات الحالات القطرية، قد أدى في تعميماته المتعجلة إلى التضحية بأسرار التخلف أو التطور في كل أصناف الحالات وإلى التضحية بفرص تبادل التجارب بين القطاعات الأهلية وشبكاتها في البلاد العربية. وبهذا يكون «تقرير التنمية الإنسانية العربية» الذي يوفر، بلا ريب، فرص التمكين المفاهيمي والمنهجي والتحليلي والميداني قد عطل بهذا النوع من التعميمات المرتكزة إلى مصادر إدارية غالباً، فرص التأمل التنظيري الذي يتحرك من مستويات التشابه الثقافي والاجتماعي المهيمن ظاهريا، وهي المستويات التي يتوقف عندها "الخبراء"، إلى مستويات التفرد السياسيـ الاقتصادي المحدد واقعياً، وهي المستويات التي يتوقف عند توصيفها الباحثون.

أبرز الإزاحات المعرفية في الخطاب القومي للتقرير العربي

ـ تتمثل أولاً: في إزاحة مشكلات الفقر والنمو من نطاق تشكلها الواقعي في المستوى القطري إلى نطاق فهمها وادعاء القدرة على معالجتها في المستوى

ـ كما وتتمثل ثانياً: في عروض تقريري 2003 و2004 حبث المقاربة القومية في الصياغات لا تحرج قطرياً في إزاحة مفهوم المجتمع المدني المتحقق في البلدان الصناعية الغنية عن مسار تشكله التاريخي في اقتصاد مسارات التنمية في المجتمعات الصناعية المقترح فتعتمد عروض التقرير هذا المفهوم في توصيف ما يتشكل في مجتمعاتنا العربية، المعوقة عن التنمية المستقلة، من منظمات يغلب على الأكثرية الساحقة بينها طابع التنظيمات الإغاثية. وتذهب الصياغات غير المحرجة في التقرير في صدد ما تسميه تجاوزا بمنظمات المجتمع المدني إلى صياغة توصيات موحدة تعتبرها صالحة لكل المجتمعات العربية ولا تأخذ بالإعتبار حدود ملاءمتها للظروف المختلفة في كل مجتمع قطري على حدة؟

أولاً تفترض هذه الظروف المختلفة شروطاً وآليات ووسائل متميزه في كل قطر على حدة لبناء المكونات القطاعية المؤهلة للوصول إلى الإدارة المعصرنة والتشريع المحفز للإنماء والإصلاح الديني الطارد للخرافة؟

إن مشكلة هذا الخطاب القوموي الثقافوي في تقرير التنمية الإنسانية العربية تكمن في أنه خطاب يستهدف تعزيز الوعي العام بضرورة التنمية ولا يساجل في المعوقات الخاصة بوعي ضرورتها..

المراجع:

1 ـ "تقرير التنمية الإنسانية العربية لعام 2003" الصادر عن البرنامج الإنمائي للأمم المتحدة.

2 ـ "تقرير التنمية الإنسانية العربية لعام 2004" الصادر عن البرنامج الإنمائي للأمم المتحدة.

3 ـ تقرير التنمية الإنسانية العربية- الصادر عام 2002 عن برنامج الأمم المتحدة الإنمائي، ص 15.

4 ـ Voir HA- Joon CHANG in Le Monde - édition proche - orient 12/7/

5 ـ التكنولوجيا ومكافحة البطالة والفقر في الدول العربية، مؤتمر الاسكوا ومنظمة العمل العربية- مطالعة حول الاستثمار الأجنبي المباشر ونقل التكنولوجيا،ص 9.

6 ـ «تقرير التنمية الإنسانية العربية_ 2002»، مرجع سابق ص 10.

7 ـ التكنولوجيا ومكافحة البطالة والفقر، مرجع سابق ص 4.

8 ـ «تقرير التنمية الإنسانية العربية _ 2002» مرجع سابق ص 14.

المحتويات